教育部人文社会科学研究青年基金项目最终研究成果
中国特色社会主义政治制度自信提升研究（14YJC710003）

中国特色社会主义政治制度自信及其提升研究

陈建兵　著

TESESHEHUIZHUYI
ZHENGZHIZHIDUZIXINJIQITISHENGYANJIU
ZHONGGUO

西安交通大学出版社
XI'AN JIAOTONG UNIVERSITY PRESS

图书在版编目(CIP)数据

中国特色社会主义政治制度自信及其提升研究/陈建兵著. —西安:西安交通大学出版社,2016.12(2017.4重印)

ISBN 978-7-5605-9230-5

Ⅰ.①中… Ⅱ.①陈… Ⅲ.①中国特色社会主义-研究
Ⅳ.①D616

中国版本图书馆 CIP 数据核字(2016)第 304700 号

书　　名	中国特色社会主义政治制度自信及其提升研究
著　　者	陈建兵
责任编辑	雒海宁
出版发行	西安交通大学出版社
	(西安市兴庆南路 10 号　邮政编码 710049)
网　　址	http://www.xjtupress.com
电　　话	(029)82668357　82667874(发行中心)
	(029)82668315(总编办)
传　　真	(029)82668280
印　　刷	虎彩印艺股份有限公司
开　　本	720 mm×1000 mm　1/16　**印张** 13.5　**字数** 164 千字
版次印次	2017 年 1 月第 1 版　2017 年 4 月第 2 次印刷
书　　号	ISBN 978-7-5605-9230-5
定　　价	86.00 元

读者购书、书店添货或发现印装质量问题,请与本社发行中心联系、调换。

订购热线:(029)82665248　(029)82665249

投稿热线:(029)82668525　(029)82664953

读者信箱:xjtu_rw@163.com

C目　录
Contents

第一章 绪 论

当代中国发展进步的根本原因在于党领导人民开辟了中国特色社会主义道路,形成了中国特色社会主义理论体系,确立了中国特色社会主义制度。实现全面建成小康社会奋斗目标、实现中华民族伟大复兴中国梦,必须始终坚持中国特色社会主义、并不断发展和完善中国特色社会主义。2012 年党的十八大报告明确提出了"三个自信"即中国特色社会主义道路自信、理论自信、制度自信。2016 年 7 月 1 日,习近平总书记在纪念中国共产党建党 95 周年大会讲话中进一步提出了"四个自信"即中国特色社会主义道路自信、理论自信、制度自信、文化自信,并强调指出:"我们要坚信,中国特色社会主义制度是当代中国发展进步的根本制度保障,是具有鲜明中国特色、明显制度优势、强大自我完善能力的先进制度。"①坚定中国特色社会主义政治制度自信是中国特色社会主义制度自信的重要内容,在"四个自信"中占据重要地位。当前时期,加强对中国特色社会主义政治制度自信及提升问题研究,对于充分认识当代中国政治制度和政治发展模式的特色和优势、回应形形色色的"民主责难"和"发展模式挑战",头脑清醒而又积极稳妥地深化政治体制改革,具有特别重要的理论价值和现实意义。

---

① 习近平. 在庆祝中国共产党成立 95 周年大会上的讲话[N]. 人民日报,2016 - 07 - 02.

第一节　中国特色社会主义政治制度自信问题的提出

一、政治制度基本定型是政治制度自信的客观基础

中华人民共和国经过六十多年的建设和发展,特别是经过改革开放三十多年的建设和发展,经济社会全面进步,人民生活水平显著提高,国际影响力大幅度提升,当前比历史上任何时期都更接近和实现中国梦,当前比历史上任何时期都更有能力、更有信心实现中国梦。伴随着社会的全面发展和进步,包括基本政治制度在内的社会各方面基本制度也逐步走向成熟并基本定型,社会主义现代化建设在“制度方面”取得了重大成就,从而为坚定中国特色社会主义政治制度自信、坚持和完善中国特色社会主义政治制度奠定了客观基础。

中国特色社会主义基本政治制度包括人民代表大会制度、中国共产党领导的多党合作和政治协商制度、民族区域自治制度、基层群众自治制度,这些基本政治制度从建立和确立到逐步走向成熟和基本定型则经历了一个不断完善和发展的历史过程,这一过程实际上是中国特色社会主义政治建设实践的不断推进的过程,同时也是对中国特色社会主义政治建设规律的认识不断深化的过程。

经过 28 年艰苦卓绝的革命斗争,中国共产党领导全国各族人民推翻了帝国主义、封建主义、官僚资本主义三座大山,建立起人民当家作主的中华人民共和国,人民民主专政是中华人民共和国的国家性质,即广大人民群众享有民主和对极少数敌对分子实行专政的有机统一。为切实推动和保障人民当家作主,巩固和建设人民当家作主的国家政权,中国共产党领导的多党合作和政治协商制度、人民代表大会制度、民族区域自治制度等基本制度在建国初期就建立起来了。各民族人民群众在中国共产党的领导下、通过人民代表大会来具体实施人民当家作主的权力,这是中国千百年来人民群众政治地位、政治身份和政治命运的

一次最为深刻的历史性变革,人民主权、人民当家作主的政治理念和政治原则有了坚实的制度保证,这也为中国特色社会主义政治建设奠定了重要制度基础。

任何制度都有一个不断完善、发展和成熟的过程,中国特色社会主义政治制度也不例外。由于各方面原因,改革开放前我们社会主义建设尽管取得了重大成果,但是却也遭受过严重挫折、出现了长时间的全局性失误,而出现失误和挫折的一个重要原因就在于制度建设方面。邓小平在 1980 年 8 月 18 日中央政治局扩大会议上指出:"我们过去发生的各种错误,固然与某些领导人的思想、作风有关,但是组织制度、工作制度方面的问题更重要。这些方面的制度好可以使坏人无法任意横行,制度不好可以使好人无法充分做好事,甚至会走向反面。即使像毛泽东同志这样伟大的人物,也受到一些不好的制度的严重影响,以至对党对国家对他个人都造成了很大的不幸。我们今天再不健全社会主义制度,人们就会说,为什么资本主义制度所能解决的一些问题,社会主义制度反而不能解决呢? 这种比较方法虽然不全面,但是我们不能因此而不加以重视。不是说个人没有责任,而是说领导制度、组织制度问题更带有根本性、全局性、稳定性和长期性。这种制度问题,关系到党和国家是否改变颜色,必须引起全党的高度重视。"①邓小平对于改革开放前社会主义建设和道路探索中遭受挫折的原因的分析是非常深刻的,而且指出了加强制度建设的重要性、紧迫性。

改革开放后如何尽快恢复安定团结的政治局面、恢复重建遭到破坏的各方面制度成为社会主义现代化建设的一项重要任务。人民代表大会制度、中国共产党领导的多党合作和政治协商制度、民族区域自治制度走上了健康持续发展的轨道。随着政治体制改革的不断推进,同中国特色社会主义基本政治制度相适应的政治体制和机制不断完善。

---

① 中共中央文献研究室.邓小平文选(第二卷)[M].北京:人民出版社,1994:333.

1992 年邓小平在南方谈话中指出:"恐怕再有三十年的时间,我们才会在各方面形成一整套更加成熟、更加定型的制度。在这个制度下的方针、政策,也将更加定型化。"①

经过改革开放 30 多年的实践探索,党领导人民对中国特色社会主义建设规律的认识越来越深化,在各个领域逐渐形成了一系列相对成熟和基本定型的制度,人民代表大会制度、中国共产党领导的多党合作和政治协商制度、民族区域自治制度、基层群众自治制度成为中国特色社会主义政治制度的重要内容。2011 年 7 月 1 日,时任中共中央总书记胡锦涛在庆祝中国共产党成立 90 周年大会讲话指出:党领导人民取得成功的关键在于开辟了中国特色社会主义道路,形成了中国特色社会主义理论体系,确立了中国特色社会主义制度,并对中国特色社会主义制度的基本内涵和内容进行论述。2012 年党的十八大报告再次强调中国特色社会主义道路、中国特色社会主义理论体系、中国特色社会主义制度是关乎当代中国前途命运的根本性问题,再次对中国特色社会主义制度的基本内涵和内容进行论述。2014 年 2 月 17 日,习近平总书记在省部级主要领导干部学习贯彻十八届三中全会精神专题研讨班上讲话指出:"从形成更加成熟更加定型的制度看,我国社会主义实践的前半程已经走过了,前半程我们的主要历史任务是建立社会主义基本制度,并在这个基础上进行改革,现在已经有了很好的基础。后半程,我们的主要历史任务是完善和发展中国特色社会主义制度,为党和国家事业发展、为国家长治久安提供一整套更完备、更稳定、更管用的制度体系。"②

中国特色社会主义政治制度的相对成熟和基本定型,不仅是改革

---

① 中共中央文献研究室.邓小平文选(第三卷)[M].北京:人民出版社,1993:272.
② 中共中央文献研究室.习近平关于全面深化改革论述摘编[M].北京:中央文献出版社,2014:27.

开放三十多年社会主义政治建设实践在"制度建设"层面取得的重大成就,而且为坚定中国特色社会主义政治制度自信、在坚持基本政治制度的基础上深化政治体制改革奠定了客观基础。党的十八大报告明确提出全党要坚定中国特色社会主义道路自信、理论自信、制度自信。习近平总书记在党建 95 周年讲话上进一步提出中国特色社会主义道路自信、理论自信、制度自信、文化自信。中国特色社会主义政治制度自信是制度自信的重要内容。中国特色社会主义政治制度自信是中国特色社会主义政治文明建设不断深化和政治制度不断完善和成熟的必然产物。

二、政治制度自信在"四个自信"中占据重要地位

中国特色社会主义政治制度自信在道路自信、理论自信、制度自信、文化自信"四个自信"内容结构中占据特殊重要地位,增强"四个自信"必须要高度重视并切实提升中国特色社会主义政治制度自信。

中国特色社会主义是中国特色社会主义道路、中国特色社会主义理论体系和中国特色社会主义制度的有机统一。党的十八大报告指出:中国特色社会主义道路,就是在中国共产党领导下,立足基本国情,以经济建设为中心,坚持四项基本原则,坚持改革开放,解放和发展社会生产力,建设社会主义市场经济、社会主义民主政治、社会主义先进文化、社会主义和谐社会、社会主义生态文明,促进人的全面发展,逐步实现全体人民共同富裕,建设富强民主文明和谐的社会主义现代化国家。中国特色社会主义理论体系,就是包括邓小平理论、"三个代表"重要思想、科学发展观在内的科学理论体系,是对马克思列宁主义、毛泽东思想的坚持和发展。中国特色社会主义制度,就是人民代表大会制度的根本政治制度,中国共产党领导的多党合作和政治协商制度、民族区域自治制度以及基层群众自治制度等基本政治制度,中国特色社会主义法律体系,公有制为主体、多种所有制经济共同发展的基本经济制度,以及建立在这些制度基础上的经济体制、政治体制、文化体制、社会体制等各项具体制度。中国特色社会主义道路、理论体系和制度三者统一于中国特色社会主义伟大实践之中,系统完整地揭示了中国特色社会主义的丰富内涵和整体内容。在中国特色社会主义的三维结构之中,中国特色社会主义道路是实现途径,中国特色社会主义理论体系是行动指南,中国特色社会主义制度是根本保障。

党的十八大报告在深刻阐述当代中国发展进步取得辉煌成就的根本原因就在于开辟了中国特色社会主义道路、形成了中国特色社会主义理论体系和确立了中国特色社会主义制度,以及实现全面建成小康社会奋斗目标、实现中华民族伟大复兴中国梦依然需要坚定不移地始终坚持和不断发展中国特色社会主义的基础上,旗帜鲜明地对全党提出"三个自信",即全党要坚定中国特色社会主义道路自信、理论自信、制度自信。2016 年 7 月 1 日,习近平总书记在纪念中国共产党建党 95 周年大会讲话中进一步提出了"四个自信",即坚定中国特色社会主义道路自信、理论自信、制度自信、文化自信。

在中国特色社会主义道路自信、理论自信、制度自信、文化自信"四个自信"内容结构中,制度自信占据突出重要地位。道路关乎发展的方向,决定着未来的发展命运;道路自信就是对改革开放以来探索形成的中国特色社会主义发展道路的高度认同、自觉坚守和不断拓展。理论则是对发展道路以及根本制度的合法性、合理性和有效性的"理论阐述",系统回答了当代中国选择这样一条发展道路和制度模式的必然性;理论自信就是对这个"理论阐述"和"理论本身"的高度认同、自觉坚守和不断发展。文化自信就是对中华民族五千年优秀传统文化和精神价值的自觉坚守和传承发扬、对以爱国主义为核心的民族精神和以改革创新为核心的时代精神的自觉坚守和身体力行。在道路、理论、文化和制度四者中,制度带有根本性、全局性、稳定性和长期性,中国特色社会主义道路要体现在中国特色社会主义制度上,中国特色社会主义理论体系的价值追求、中国特色社会主义文化自信的精神追求都要落地生根并体现在中国特色社会主义制度上;制度自信就是对中国特色社会主义制度的特色和优势的高度认同、自觉坚守和不断完善,在"四个自信"内容结构中占据重要地位,对中国特色社会主义制度自信的研究是"四个自信"研究的重要内容。

在中国特色社会主义制度自信内容结构中,中国特色社会主义政治制度自信占据关键地位。中国特色社会主义制度实际上是一个包含多领域、多层次的制度体系,在这个意义上,中国特色社会主义制度自信既是制度体系的整体层面的自信,同时又是对具体领域制度体制的自信。对公有制为主体多种所有制并存的基本经济制度的认同和坚持、对中国特色社会主义基本政治制度的认同和坚持、以及对其他社会领域基本制度的认同和坚持共同构成了中国特色社会主义制度自信的具体内容。在中国特色社会主义制度体系中,政治制度无疑占据决定性地位,因为中国共产党是中国特色社会主义事业的领导核心,包括党的领导制度在内的基本政治制度不仅为当代中国的社会性质、社会政治稳定奠定了基本制度架构,而且直接决定和保证其他领域的制度。在这个意义上,坚定中国特色社会主义制度自信,关键在于坚定对中国特色社会主义政治制度的自信,即坚定对中国特色社会主义政治制度的优势和特色的高度认同和自觉坚守、坚定对中国特色政治模式和政治发展道路的高度认同和自觉坚守。习近平总书记指出:"在一个国家的各种制度中,政治制度处于关键环节。所以,坚定中国特色社会主义制度自信,首先要坚定对中国特色社会主义政治制度的自信,增强走中国特色社会主义政治发展道路的信心和决心。"[①]因此,加强对"四个自信"的研究和探讨、深化对中国特色社会主义制度自信的研究和探讨,

---

① 习近平.庆祝全国人民代表大会成立 60 周年大会上的讲话[N].人民日报,2014 - 09 - 06.

都离不开对中国特色社会主义政治制度自信的研究和探讨。

三、增强和提高政治制度自信具有现实紧迫性

改革开放三十多年来,中国不仅经济快速发展,而且保持了社会持续稳定和国家长治久安,走出了一条有中国特色的现代化发展道路,提供了回答人类发展问题的"中国方案"。在这个意义上,中国共产党和中国人民是最有底气自豪和自信的。正如习近平总书记在建党 95 周年纪念大会上讲话所说:"当今世界,要说哪个政党、哪个国家、哪个民族能够自信的话,那中国共产党、中华人民共和国、中华民族是最有理由自信的。"①对于一种政治体系和政治制度的认同、支持和信心来说,既取决于客观的现实基础,同时又取决于能否自觉的、有力的维系和提升。正如著名政治学家李普塞特所说:"任何政治体系,都应具有形成并维持一种使其成员确信现行政治制度对于该社会来说是最适当的信念的能力。"②可见,不断维持和增强对政治制度的信念是国家治理的一项重要任务,也是国家治理能力的重要方面。当前中国处在全面深化改革的关键阶段和实现全面建成小康社会奋斗目标的决胜阶段,不断增强和提升政治制度自信具有重要意义。

当前国内外一些研究者和观察家,在对当代中国改革发展的研究和认识上存在一些误解和偏见。其中一种有代表性的观点认为中国的改革主要侧重于经济体制改革,而且经济体制改革也取得了不可否认的成就,单一公有制转变为公有制为主体多种所有制并存,计划经济转变为社会主义市场经济,在这个过程中中国经济实现了"腾飞"和快速发展;但是与深刻变革的经济体制和快速的经济发展相比,政治体制改革就显得明显"滞后",政治体制改革需要"攻坚",而且政治体制改革能

---

① 同 P1 页①.
② 李普塞特.政治人:政治的社会基础[M].张绍宗,译.上海:上海人民出版社,1997:53.

否"突破"将决定当前全面深化改革的"效果"和"空间"。

这种关于当代中国改革特别是政治体制改革的评价论调以及关于全面深化改革的所谓"政策建议",在理论上是荒谬的。中国的改革是全面改革,如果没有政治体制改革的同步推进,没有安定团结的政治局面和持续稳定的社会环境,当代中国持续发展和进步是难以想象的。当代中国不仅始终积极稳妥地推进政治体制改革,而且取得了重大进步,形成了适合中国发展实际的基本政治制度和体制机制。习近平总书记强调:"我们党领导的改革历来是全面改革。问题的实质是改什么、不改什么,有些不能改的,再过多长时间也是不改,不能把这说成是不改革。"①坚定对中国特色社会主义政治制度的自信,关系到对当代中国改革特别是政治体制改革的正确评价。

坚定中国特色社会主义政治制度自信还关系到我们当前和今后改革发展的方向、道路等重大现实问题。在当前全面深化改革的关键时期,我们必须要坚持正确的改革方向和改革目标。全面深化改革要始终坚持中国特色社会主义这一基本方向和道路,要紧紧围绕"完善和发展中国特色社会主义制度、推进国家治理体系和治理能力现代化"这一总目标来推进,坚决不能犯"颠覆性错误"。如何才能保证全面深化改革不犯"颠覆性错误"呢?其中一个重要途径就在于坚定中国特色社会主义政治制度自信,坚定不移的坚持基本政治制度。习近平总书记指出:"在政治制度模式上,我们就要咬定青山不放松、任尔东西南北风。"②

① 中共中央文献研究室.习近平关于全面深化改革论述摘编[M].北京:中央文献出版社,2014:20.
② 中共中央宣传部.习近平总书记系列重要讲话读本(2016年版)[M].北京:人民出版社,2016:284.

第二节　中国特色社会主义政治制度自信问题研究的意义

"中国特色社会主义政治自信"命题以及"中国特色社会主义政治自信及其提升"论题,实际上是从党的十八大提出的"三个自信"、以及习近平总书记在建党 95 周年讲话中提出的"四个自信"衍生而来的。中国特色社会主义政治自信及其提升研究具有以下理论价值和现实意义。

第一,对拓展和深化中国特色社会主义大众化研究具有理论价值。马克思主义指导中国革命、建设、改革的过程实际上也是马克思主义中国化、大众化、时代化的过程。如何立足当代中国实践,发展 21 世纪中国马克思主义,并以 21 世纪中国马克思主义指导新的伟大实践和斗争,这是马克思主义大众化研究的重要课题。中国特色社会主义政治制度自信及其提升过程实质上是中国特色社会主义大众化的过程,从政治制度自信及提升为分析的切入点、着力点,将拓展和深化中国特色社会主义大众化研究。

第二,对切实维护当前我国的政治意识形态安全具有现实意义。在经济全球化和信息网络化加快发展的背景下,多元多样的价值观念和社会思潮之间的交流、交融、交锋变得异常纷繁复杂。近年来,"普世价值""宪政民主"等政治意识形态和社会思潮对我国主流政治意识形态形成严峻挑战,再加之我们在政治话语权上处于不利地位,挑战和冲击就显得更为严峻。"讲好中国故事,必须解决'挨骂'问题。落后就要挨打,贫困就要挨饿,失语就要挨骂。现在国际舆论格局总体是西强我弱,别人就是信口雌黄,我们也往往有理说不出,或者说了传不开,一个重要原因是我们的话语体系还没有建立起来,不少方面还没有话语权,甚至处于'无语'或'失语'状态,我国发展优势和综合国力还没有转化为话语优势。"①习近平总书记指出:"我们有本事做好中国的事情,还没有本事讲好中国的故事? 我们应该有这个信心!"②因此,加强中国特色社会主义政治制度自信及提升问题研究,阐释好、宣传好中国政治模式和政治发展道路,可以更有效、更有力的同形形色色的各种政治意识形态和社会思潮展开斗争和竞争,从而维护当前政治意识形态安全。

第三,对坚持以"发展和完善中国特色社会主义制度、实现国家治理体系和治理能力现代化"为总目标总方向全面深化改革具有现实意义。当前,"政治体制改革滞后论""政治体制改革突破论"等论调还有一定的市场,不仅影响着人们对当代中国改革特别是政治体制改革的评价问题,而且错误地引导着政治体制改革进一步深化的目标和方向。习近平总书记指出:"一些敌对势力和别有用心的人也在那里摇旗呐喊、制造舆论、混淆视听,把改革定义为往西方政治制度的方向改,否则就是不改革。"③在这种情况下,包括政治体制改革在内的全面深化改革一定要坚持正确的方向和道路,切实围绕总目标来推进,始终保持清醒头脑和战略定力。加强中国特色社会主义政治制度自信研究,切实提升中国特色社会主义政治制度自信,才能自觉坚持中国特色社会主义政治发展道路,为全面深化改革保驾护航。

第三节 本课题研究的国内外现状及评析

一、国内外研究现状

2012 年党的十八大报告提出中国特色社会主义"道路自信、理论

---

① 中共中央宣传部.习近平总书记系列重要讲话读本(2016 年版)[M].北京:人民出版社,2016:210.

② 中共中央宣传部.习近平总书记系列重要讲话读本(2016 年版)[M].北京:人民出版社,2016:209.

③ 中共中央文献研究室.习近平关于全面深化改革论述摘编[M].北京:中央文献出版社,2014:19.

自信、制度自信"之后,国内学术界开始对"三个自信"以及中国特色社会主义制度自信问题展开研究,个别学者就中国特色社会主义政治制度自信进行研究。

第一,关于中国特色社会主义制度自信及提升的意义。李家祥(2013)认为制度对培育和提升国家软实力具有重要促进作用,坚定中国特色社会主义制度自信是培育和提升国家软实力的重要途径。张克难(2013)认为制度自信是道路自信、理论自信的归宿和放大器,是"三个自信"的关键坏节。

第二,关于中国特色社会主义制度自信的基础。肖贵清(2013)认为中国特色社会主义制度自信的基础在于中国特色社会主义制度符合中国国情、体现了科学社会主义价值原则、是当代中国发展进步的根本保障。包心鉴(2013)认为中国特色社会主义制度自信的基础来自于对历史经验的深刻总结、对当代社会主义历史经验的深入比较、对中国特色社会主义规律的自觉把握。顾钰民(2013)认为中国特色社会主义制度自信是通过中国特色社会主义制度实践的自信、中国特色社会主义历史选择的自信、中国化马克思主义理论的自信建立起来的。邹升平(2014)认为制度自信依赖于摒弃"制度他信",要从制度比较中充分认识中国特色社会主义制度的本质属性、特色优势。张维为(2013)认为制度自信离不开话语自信,当前需要通过建立全面的、透彻的、民族的、强势的、国际的话语体系来支撑制度自信。

第三,关于中国特色社会主义制度自信的国际视野。贾绘泽(2013)认为中国特色社会主义制度自信的基础和依据在于中国特色社会主义制度吸取和借鉴了世界制度文明发展成果,与苏联社会主义制度、资本主义制度比较呈现出明显优势,对推动人类文明进步具有重要价值。

第四,关于制度绩效与制度自信的关系。张明军、易承志(2013)认为制度绩效与制度自信相互推进,制度绩效是制度自信的源泉和基础,改革开放以来逐渐形成的中国特色社会主义制度总体上发挥了制度绩效正效应,促进了制度自信的不断增强,下一步需要通过中国特色社会主义制度体系建设的整体推进以提升制度绩效和制度自信。

第五,关于增强和提升中国特色社会主义政治制度自信。山东省习近平总书记系列重要讲话精神学习研究课题组(2015)认为,中国特色社会主义政治制度自信是坚持制度自信的重要内容,是对中国特色社会主义政治制度科学性和优越性的充分认可,具有理论基础、实践基础和比较优势。高奇琦(2015)认为,充分认识和理性激发制度自信特别是政治制度自信的关键是构建中国自己的比较政治学体系,形成自己的核心议题、基本价值和研究方法,从而为中国特色社会主义政治制度自信提供更有力的论证。

近年来,伴随着当代中国改革发展的成功,国外学者对当代中国发展问题研究表现出越来越浓厚的兴趣,对当代中国政治体制改革和政治发展研究成为"海外中国问题研究"的重要内容之一。国外学者尽管没有直接对"中国特色社会主义政治制度自信"这样非常具体、同时又带有鲜明中国特色的"出场"方式的问题进行过研究,而是通过对当代中国民主政治研究所坚持的立场和态度来间接体现他们对"中国特色社会主义政治制度自信"问题的看法,代表性观点有:

第一,民主转型论。Bruce Gilley(2004)认为市场经济发展所创造的各种经济、社会条件,必将使中国稳步的走向西方式民主化发展道路。

第二,转型陷阱论。Minxin Pei(2006)认为中国的经济、社会发生了很大变化,政治体制尽管也发生了一些变化,但基本政治制度没有变化,市场改革与基本政治制度存在冲突,"转型陷阱"将致使政治体系崩溃。

第三,制度适应论。Andrew J. Nathan(2003)认为中国的政治制度仍然属于权威主义政制,但表现出极强的韧性和适应性,领导权交接趋于平稳、政治体系分工趋于规范、拓宽的政治输入提高了政治合法性,政治体制上的变化适应了政治复杂化、专业化等政治现代化要求。David L. Shambaugh(2007)从中国共产党的领导和执政入手提出了制度适应论的观点,认为党的领导方式和执政方式始终处于不断改革和完善状态,并通过"自我反省、调整和实施具有先见之明的政策和改革",来不断适应不断变化的社会和外部环境。Bruce J. Dickson(2008)认为中国的政治制度随着经济社会变化而进行较大的调整,既非转向民主,也非走向崩溃,而是将延续其政治制度,表现出适应性。

第四,中国式民主论。Zhiyue Bo(2010)认为对"中国式民主"的质疑源于对"美国式民主"的崇拜,中国政治制度的独特性在于人大和政协并存的政治合法化体制、形式上联邦制而实质上单一制、党国同构体制,中国独特的政治制度是"中国式民主"的重要标志和基本内容。

二、总体评价

从现有收集到的文献资料看,国内学者对中国特色社会主义制度自信及其提升的重大意义、根本基础、国际视野、制度绩效与制度自信的关系等问题进行了一定研究,也有个别学者对中国特色社会主义政治制度自信问题进行研究。国外学者以"制度适应论"、"中国式民主论"对中国特色社会主义政治制度进行建设性研究。这些研究为进一步深化对中国特色社会主义政治制度自信及其提升问题研究提供了文献基础和方法借鉴。但是当前的研究存在以下缺陷和不足。

第一,研究的问题对象是宽泛的"道路自信、理论自信、制度自信"或者一般的"制度自信"问题,而没有就"制度自信"中的"中国特色社会主义政治制度自信"问题提出来进行专门的、深入的、系统的研究,研究的基础比较薄弱,还没有形成较为系统的研究内容,还没有这方面研究的专著公开出版。

第二,研究的理论框架和方法主要是经验总结式的"应然"研究、宣传解读式研究,研究的理论深度、学术含量、视野广度都有待进一步加强,中国特色社会主义政治制度自信的科学内涵、理论基础、影响因素、提升路径等问题有待于从理论上进行深入系统的研究。

第三,国外学者依照"民主转型论"作为理论框架,无论是对中国民主转型问题表现出"自信"还是"不自信",其实背后实际上都潜藏着对中国特色社会主义政治制度的"不自信"。特别是依照自由主义民主理论作为"理论预设"来审视当代中国政治体制改革实践更是不足取。

通过上述文献综述和分析,可以看出:增强中国特色社会主义道路自信、理论自信、制度自信、文化自信是当前改革发展需要着力研究和回答的一个重要问题,当前对这一问题的研究尚处在起始阶段,特别是海外学者在对当代中国政治发展问题研究上的理论"偏见",都要求我们对中国特色社会主义政治制度自信及其提升问题展开深入、系统研究。

第四节　本课题主要研究方法

研究内容决定研究方法,但是反过来,科学、合理的研究方法又是揭示社会现象背后的本质和规律必不可少的"阶梯"。毛泽东曾经在谈到工作任务和工作方法时,曾把工作任务比喻为"过河",把解决方法比作"桥"和"船",形象地提出"没有船或桥,不能过河"的观点。对于理论研究来说,也毫不例外。本课题采用以下方法来深入研究中国特色社会主义政治制度自信及其提升问题。

第一,历史与逻辑相统一方法。依据历史唯物主义基本原理,实践从哪里开始,历史也就从哪里开始,思想和理论亦从哪里开始。这就要求我们在对社会现象、社会历史问题的研究上要始终坚持历史与逻辑相统一的方法。恩格斯曾经指出:"逻辑的方法是唯一适用的方法。但是,实际上这种方法无非是历史的方式,不过摆脱了历史的形式以及起扰乱作用的偶然性而已。历史从哪里开始,思想进程也应当从哪里开始,而思想进程的进一步发展不过是历史过程在抽象的、理论上前后一贯的形式上的反映;这种反映是经过修正的,然而是按照现实的历史过程本身的规律修正的,这时,每一个要素可以在它完全成熟而具有典型性的发展点上加以考察。"①思维(理论或逻辑)发展的过程与实践展开的过程(历史事实)有着非常复杂的关系,从根本上来说是一致的,即"思想"与"历史"是同方向发展的;但在特定时空条件下,特别是受偶然性的干扰,又表现出不平衡性和非同步性。而割裂二者的关系,就会导致要么总结零碎的实践经验,要么唯心的创造体系,这两种研究方法都有失偏颇,正确的方法则是历史发展与理论逻辑相统一。按照历史与逻辑相统一方法研究中国特色社会主义政治制度自信及其提升问题,就是遵照中国特色社会主义政治制度本身的确立、发展、完善的逻辑,以及人们对中国特色社会主义政治制度的感性认知、情感认同、理性坚守的逻辑来进行研究,深刻揭示"中国特色社会主义政治制度"与"中国特色社会主义政治制度自信"的发展的历史轨迹和相互关系。

第二,综合研究方法。这里所说的综合研究方法,指的是运用多学科理论、知识和分析方法来研究中国特色社会主义政治制度自信及其提升问题。之所以要运用多学科理论、知识和分析方法来研究,主要在于中国特色社会主义政治制度自信问题是一个涉及面十分广泛的问题。首先,中国特色社会主义政治制度自信涉及到中国特色社会主义政治制度自身所体现的政治价值问题即能否站在政治正义的道德制高点,以及中国特色社会主义政治制度自身所表现出来的政治有效性问题即能否为经济社会发展提供稳定的政治保障和政治支撑。其次,中国特色社会主义政治制度自信还涉及中国特色社会主义政治制度的研

---

① 中共中央马克思恩格斯列宁斯大林著作编译局.马克思恩格斯选集:第2卷[M].北京:人民出版社,1995:43.

究、阐释、宣传问题，以及不同社会主体对中国特色社会主义政治制度的认知问题。中国特色社会主义政治制度自信及其提升问题是一项复杂的社会系统工程，涉及社会多个方面、多个领域和多个环节，这就需要采用综合研究方法。具体而言，就是要以马克思主义基本立场、观点、方法为指导，综合运用政治哲学、比较政治学、政治社会化理论来研究中国特色社会主义政治制度自信及其提升问题。

第三，比较分析方法。有比较才有鉴别，才能凸显自身的优势和特色，也才能夯实自信的基础。采用比较分析方法研究中国特色社会主义政治制度自信及其提升问题，具体来说有两种比较方式，一种是横向比较即比较当代中国政治制度与欧美主要国家在政治制度架构上的差异，以及不同国家在政治制度、政治模式和政治发展道路选择上出现差异性的历史背景和现实原因，旨在说明：成功的道路各有各的不同，适合于自己的才是最好的。另一种是纵向比较即我们是从什么样的政治"起点"上发展起来的、政治发展的"增量"如何、政治发展的未来前景和趋势又如何？将中国特色社会主义政治制度的过去、现在和未来连在一起，从历史的"长镜头"审视中国特色社会主义政治制度，这样才能全面、客观、中肯的评论中国特色社会主义政治制度，这样才能在中国特色社会主义政治制度面前始终保持充分的自信心、自豪感。

第二章 自信的历史基础:中国特色社会主义政治制度的历史形成

　　政治制度表面上看是为人为创设的结果,但实际上却是社会历史发展的自然而然的产物。19 世纪英国政治思想家 J. S. 密尔认为,尽管政治制度创设体现了人的意志,"政治制度(不管这个命题是怎样有时被忽视)是人的劳作,它的根源和全部存在有赖于人的意志。"而实际上政治制度却是社会环境和条件的产物,"大体上我们必须按照它们的现实情况加以接受,政府不是能靠预先的设计来建立,它们'不是做成的,而是长成的'。"①因此,政治制度是历史形成的,政治制度的"长成过程"构成了政治制度的"成长史"和"演进史",在政治制度"成长史"和"演进史"的认知中必然产生制度认同和制度自信。习近平总书记强调指出:"设计和发展国家政治制度,必须注重历史和现实、理论和实践、形式和内容有机统一。要坚持从国情出发、从实际出发,既要把握长期形成的历史传承,又要把握走过的发展道路、积累的政治经验、形成的政治原则,还要把握现实要求、着眼解决现实问题,不能割断历史,不能想象突然就搬来一座政治制度上的'飞来峰'。"②人民代表大会制度、中国共产党领导的多党合作和政治协商制度、民族区域自治制度、基层群众自治制度作为中国特色社会主义基本政治制度,是中国共产党领导中国革

---

　　① J. S. 密尔. 代议制政府[M]. 汪瑄,译. 北京:商务印书馆,1982:3-4.
　　② 习近平. 在庆祝全国人民代表大会成立 60 周年大会上的讲话[N]. 人民日报,2014-09-06.

命、建设和改革的历史进程中探索人民当家作主的现代国家政权和建设中国特色社会主义政治文明时所做出的"制度选择"和"历史选择"。中国特色社会主义基本政治制度形成和发展的历史是中国特色社会主义政治制度自信的重要历史基础。

第一节 人民代表大会制度的形成和发展

一、新民主主义革命时期中国共产党对政权组织形式的探索

人民代表大会制度是国家的根本政治制度，是与人民民主专政的国家性质相适应的政权组织形式，也是人民当家作主的基本形式和中国特色社会主义民主政治的主要标志。人民代表大会制度的探索、确立、发展和完善经历了一个长期的历史过程，是基于长期历史实践探索而形成的根本政治制度。在新民主主义革命时期，中国共产党领导、发动、组织工人和农民开展革命斗争时在组织形式上所进行的积极探索，以及在局部执政实践中对国家政权组织形式的宝贵探索，是人民大会制度探索的历史起点，为人民代表大会制度的确立奠定了重要基础。

1921 年中国共产党的成立是近现代中国革命浪潮不断向前推进的产物，是近现代中国革命史上开天辟地的大事。1840 年鸦片战争之后，随着帝国主义列强对中国持续不断和日益加重的殖民侵略，中国逐渐沦为一个半殖民地半封建社会。帝国主义、封建主义和官僚资本主义成为了阻碍中国社会历史进步的最大绊脚石，成为压在中国人民头上的"三座大山"。帝国主义与中华民族的矛盾、封建主义与人民大众的矛盾成为近代中国社会的主要矛盾，成为近现代以来中国革命风起云涌的深层原因。实现民族独立和国家解放、实现国家繁荣富强和人民共同富裕，也就成了近代以来中国社会历史发展的主题；实现国家富强、民族振兴、人民幸福的伟大中国梦由此落地生根。为梦想而奋斗、为理想而斗争，近代以来前赴后继的救亡图存和革命斗争由此展开，其

中太平天国农民革命和辛亥革命影响最为深远,这些革命和斗争尽管也推进了中国革命的历史进程,但是终究未能根本解决近代中国社会主要矛盾。十月革命一声炮响,给中国送来了马克思列宁主义。中国共产党是马克思主义与中国工人运动相结合的产物,中国共产党诞生并走向中国革命的前台,中国革命也由此进入一个新的历史阶段,即从旧民主主义革命向新民主主义革命转变,在革命的领导阶级、依靠力量、指导思想、奋斗目标上出现了崭新变化,中国革命面貌也焕然一新。

大革命时期,中国共产党领导、组织工人罢工运动时,创立了罢工工人代表大会。中国共产党是中国工人阶级政党,依靠工人阶级、发动工人阶级开展罢工运动是建党初期的重要任务。1921年党的"一大"提出党在当前的中心任务是组织工人阶级,加强党对工人运动的领导。1921年8月11日,中国共产党在上海成立了领导工人运动的总机关——中国劳动组合书记部。1922年春季,在英国殖民主义统治的香港爆发了具有反抗帝国主义性质的香港海员大罢工。适应工人罢工日益高涨的革命形势,1922年5月1日,中国劳动组合书记部在广州召开了第一次全国劳动大会,到会代表162人,代表12个城市的100多个工会、20万有组织的工人,大会通过了"打倒帝国主义""打倒军阀"的口号。1925年5月1日,中国劳动组合书记部在广州召开了第二次全国劳动大会,成立了中华全国总工会。中华全国总工会成为继中国劳动组合书记部之后,具体领导、组织工人罢工运动的机构。在中华全国总工会的领导下,为支援上海五卅反帝爱国运动,1925年6月广州和香港爆发了声势浩大的省港大罢工。省港大罢工的组织化程度也达到新的高度,罢工工人选出代表组成罢工工人代表大会和罢工委员会,由25万罢工工人选出800名代表组成罢工工人代表大会,罢工委员会由13人组成,罢工委员会下设系列工作机构,是罢工取得成功的重要组织保障和制度支撑。1927年3月,上海工人发动第三次武装起义胜利后召开了上海市民代表会议,选举产生了市人民代表会议主席和执行委员,通过了《上海特别市市民代表会议政府条例》，规定"上海特别市以市民代表会议为最高权力机关"。罢工工人代表大会开始从一种工人罢工的组织形式转变为城市政权的组织形式。

大革命时期，中国共产党领导、组织农民群众开展革命斗争时，创立了农民协会。农民是革命的主力军，中国革命必须要最广泛的组织发动农民，形成浩浩荡荡的革命力量。1921年4月，《共产党》月刊发表了《告中国的农民》，这是中国共产党关于农民运动最早的有记载的历史文献。1921年9月，在早期共产党员的领导下，浙江省萧山县衙前村组织召开了农民代表大会，选举产生了农民协会执行委员会，通过了《衙前村农民协会宣言》《衙前村农民协会章程》，规定了农民协会的性质和职权等，选举出6名农会委员。这是中国共产党创建的第一个农民协会。1923年，澎湃在广东海陆丰地区农民运动的基础上成立了海丰总农会，后来又相继改组为惠州农民联合会和广东省农会。1927年3月，广东、湖南、湖北、江西、河南的农民代表举行联系会议，成立了中华全国农民协会临时执行委员会。农民协会即是中国共产党领导广大农民群众反抗封建地主阶级的一种组织动员形式，同时又是在农村地区的一种政权组织形式。

土地革命时期，中国共产党在革命根据地建设中创立了工农兵代表苏维埃制度。"苏维埃"一词来源于俄文音译，原意是"代表会议"。苏联在发动工人罢工中曾经建立了工人代表苏维埃，作为工人罢工的领导机构。十月革命胜利后，工人代表苏维埃进一步发展为工农兵代表苏维埃并成为国家政权组织形式。1927年7月28日，斯大林在《真理报》上发表的"时局问题简评"一文中指出："在当前革命发展阶段上，在新的革命高涨条件下，成立苏维埃将是一个完全成熟的问题。"[①]1927

① 中共中央马克思恩格斯列宁斯大林著作编译局.斯大林选集:第9卷[M].北京:人民出版社,1954:322.

年 8 月 21 日,中共中央在《中国共产党的政治任务与策略的决议案》中肯定了"工农兵代表苏维埃是一种革命的政权形式"。随着土地革命如火如荼地展开,革命根据地有了很大发展,其中最具有影响的是在成功粉碎国民党第一、第二、第三次"围剿"的基础上,赣南、闽西两块根据地连成一片,形成了拥有 21 座县城、250 万人口的全国最大的中央革命根据地。在这种情况下,革命根据地的政权建设问题就提出来了。1931年 11 月 7 日至 20 日,中华苏维埃第一次全国代表大会在江西瑞金召开,会议通过了《中华苏维埃共和国宪法大纲》《苏维埃地方政府暂行组织条例》,选举产生了全国工农兵代表大会中央执行委员会和中华苏维埃共和国临时中央政府。1934 年 1 月,召开了中华苏维埃第二次全国代表大会,对中华苏维埃共和国的国家性质和政权组织形式作了比较系统的规定。《中华苏维埃共和国宪法大纲》规定"中华苏维埃所建立的是工人和农民的民主专政的国家。"中华苏维埃政权实行单一制结构形式、实行议行合一、中央政权机构分为权力机关与执行机关、各级苏维埃代表经由直接选举或间接选举产生。"全国工农兵代表大会是中国历史上第一次以国家形式出现的劳动人民当家作主的权力机关。工农兵代表大会制度已经具备了人民代表大会制度的基本特征,为全国人民代表大会制度的形成奠定了坚实的基础。"[1]

　　抗日战争时期,中国共产党从建立最广泛的抗日民族统一战线、团结和调动一切力量抗击日本侵略者的大局出发,在抗日根据地政权建设上采用了"三三制"的参议会制度。1937 年 9 月,中共中央正式宣布取消中华苏维埃共和国的称号,将中华苏维埃共和国临时中央政府西北办事处改为中华民国特区政府即陕甘宁边区政府,陕甘宁边区的工农民主专政性质的政权从而转变为抗日民族统一战线性质的政权。抗日根据地政权性质的变化要求政权组织形式也要作相应地调整。1939

年1月12日，中共中央政治局会议研究讨论了陕甘宁边区参议会的问题，毛泽东在发言中指出：议会名称仍用参议会好。1939年1月17日至2月4日，陕甘宁边区第一届参议会在延安召开，会议通过了《陕甘宁边区抗战时期施政纲领》《陕甘宁边区各级参议会组织条例》和《陕甘宁边区选举条例》，为陕甘宁边区政权建设和陕甘宁边区参议会的发展奠定了重要基础。为了使参议会更好地团结和调动一切抗战的革命力量，在参议会议员的组成上实行"三三制"原则。毛泽东在《抗日根据地的政权问题》中指出："在抗日时期，我们所建立的政权的性质，是民族统一战线的。这种政权，是一切赞成抗日又赞成民主的人们的政权，是几个革命阶级联合起来对于汉奸和反动派的民主专政。""在人员分配上，应规定为共产党员占1/3，非党的'左派'进步分子占1/3，不左不右的中间派占1/3。""上述人员的分配是党的真实的政策，不能敷衍塞责。"[①]"三三制"政权对巩固抗日民族统一战线、夺取抗战胜利发挥了重要作用。

　　解放战争时期，中国共产党在解放区普遍实行人民代表会议制度。伴随着解放战争时期社会主要矛盾、革命的主要对象和主要任务的变化，解放区的政权性质和政权组织形式也发生了变化。1948年4月，《在晋绥干部会议上的讲话》中，毛泽东指出："在反对封建制度的斗争中，在贫农团和农会的基础上建立起来的区村（乡）两级人民代表会议，是一项极可宝贵的经验。只有基于真正广大群众的意志建立起来的人民代表会议，才是真正的人民代表会议。这样的人民代表会议，现在已有可能在一切解放区出现。这样的人民代表会议一经建立，就应当成为当地的人民的权力机关，一切应有的权力必须归于代表会议及其选

---

　　① 中共中央文献研究室.毛泽东选集：第2卷[M].北京：人民出版社,1991:741 - 742.

出的政府委员会。"①1948 年 8 月 7 日至 24 日,华北临时人民代表大会在石家庄召开,选举出了华北人民政府委员会,成立了华北人民政府。1949 年 3 月,中原临时人民代表会议在开封召开。1949 年 8 月,东北人民代表会议在沈阳召开。解放战争时期实行的人民代表会议制度为革命胜利后在全国建立人民代表大会制度积累了丰富的经验。

二、人民代表大会制度的确立

随着解放战争的胜利推进,"建设起一个崭新的强盛的名副其实的人民共和国"的奋斗目标即将成为现实。国家政权应该怎样组织?国家应该怎样治理?成为一个重大的现实问题。早在 1940 年毛泽东在《新民主主义论》中就说到:"没有适当形式的政权机关,就不能代表国家。中国现在可以采取全国人民代表大会、省人民代表大会、县人民代表大会、区人民代表大会直到乡人民代表大会的系统,并由各级代表大会选举政府。"②

为了建立新中国,1949 年 9 月,中国人民政治协商会议在北京召开,代行全国人民代表大会职权。会议选举产生了中华人民共和国中央人民政府委员会,通过了具有临时宪法性质的《中国人民政治协商会议共同纲领》。《共同纲领》明确规定:"中华人民共和国的国家政权属于人民。人民行使国家政权的机关为各级人民代表大会和各级人民政府。各级人民代表大会由人民用普选的方法产生之。""国家最高政权机关为全国人民代表大会。全国人民代表大会闭会期间,中央人民政府为行使国家政权的最高机关。"③这就从法律上确定了人民代表大会制度是中华人民共和国政权组织形式。

---

① 中共中央文献研究室.毛泽东选集:第 4 卷[M].北京:人民出版社,1991:1308.
② 中共中央文献研究室.毛泽东选集:第 2 卷[M].北京:人民出版社,2009:677.
③ 中央档案馆.中共中央文件选集:第 18 册[M].北京:中共中央党校出版社,1992:586－587.

　　随着国民经济的恢复、人民民主政权的巩固和第一个五年计划的展开,组织召开各级人民代表大会和全国人民代表大会、选举中央和地方的人民政府的工作开始提上日程。1953 年 1 月 13 日,中央人民政府委员会举行会议,通过了《关于召开全国人民代表大会及地方各级人民代表大会的决议》。《决议》指出:"于一九五三年召开由人民用普选方法产生的乡、县、省(市)各级人民代表大会,并在此基础上接着召开全国人民代表大会。在这次全国人民代表大会上,将制定宪法,批准国家五年建设计划纲要和选举新的中央人民政府。"[1]1953 年 2 月 11 日,中央人民政府委员会审议通过了《中华人民共和国选举法》。1953 年 4 月至 1954 年 8 月,全国进行了地方各级人民代表大会的选举工作,选举产生了地方各级政权机关,为召开全国人民代表大会作好了准备。1954 年 9 月,中华人民共和国第一届全国人民代表大会第一次会议在北京举行,会议通过了《中华人民共和国宪法》。《宪法》规定:"中华人民共和国是工人阶级领导的、以工农联盟为基础的人民民主国家。""中华人民共和国的一切权力属于人民。人民行使权力的机关是全国人民代表大会和地方各级人民代表大会。"[2]同时,一届全国人大一次会议还制定了《全国人大组织法》《国务院组织法》《人民法院组织法》《人民检察院组织法》《地方各级人大和地方各级人民委员会组织法》等有关国家机构的基本法律。一届全国人大的召开,《宪法》《选举法》以及有关国家机构的基本法律的制定,标志着人民代表大会制度在全国的建立。

三、人民代表大会制度的完善和发展

　　人民代表大会制度从 1957 年"反右扩大化"之后、特别是文化大革

---

　　[1]　中共中央文献研究室.建国以来重要文献选编:第 4 册[M].北京:中央文献出版社,1993:16－17.

　　[2]　中共中央文献研究室.建国以来重要文献选编:第 5 册[M].北京:中央文献出版社,1993:522.

命期间经历了一段停滞和曲折的发展时期。随着反右派斗争的扩大化,"左"的思想日益严重,民主集中制遭到破坏,人大及其常委会的工作难以正常开展。文化大革命时期,人民代表大会制度更是遭到严重破坏。1964年三届全国人大召开至1975年四届全国人大,中间间隔了11年。1966年8月,党的八届十一中全会通过的《关于文化大革命的决定》规定,"文化革命小组、文化革命委员会和文化革命代表大会"是"无产阶级文化大革命的权力机构",地方各级人大基本停止活动。1975年四届人大一次会议通过的《宪法》肯定了"以阶级斗争为纲"的政治路线、以及"大鸣、大放、大辩论、大字报"的群众运动。

粉碎"四人帮"、结束文化大革命之后,全国人大常委会恢复活动。1978年2月26日,第五届全国人大第一次会议召开,各级人大也都相继恢复活动。1982年12月4日,五届人大五次会议通过了新宪法,新宪法为新时期改革开放和现代化建设、社会主义民主和法制建设奠定了重要基础,也凸显了人大的地位和作用。1983年第六届全国人大设立了民族、法律、财政经济、教育文化卫生、外事和华侨等六个专门委员会,协助全国人大及其常委会开展专业化专门化的工作。1987年11月24日,第六届人大常委会第23次会议通过了《全国人民代表大会常务委员会议事规则》,标志着全国人大及其常委会的工作程序日趋规范和科学。2000年3月15日,第九届全国人民代表大会第三次会议通过《中华人民共和国立法法》,标志着全国人大及其常委会的立法工作迈入新阶段;为适应全面依法治国的新要求,2015年3月15日,第十二届全国人民代表大会第三次会议通过了《关于修改〈中华人民共和国立法法〉的决定》。2006年8月27日,第十届人大常委会第23次会议通过了《中华人民共和国各级人民代表大会常务委员会监督法》,在规范各级人大常委会与同级"一府两院"的监督与被监督方面作了制度性规定,标志着人大监督工作的规范化、制度化水平的提高。

改革开放三十多年来,人民代表大会制度不断走向完善、丰富和充实，人民代表大会制度的制度化规范化水平大幅度提高，为发展社会主义民主、建设社会主义政治文明奠定了重要制度保障。2004 年 9 月，在纪念全国人民代表大会成立 50 周年大会上胡锦涛讲话指出："50 年来的历程充分证明，人民代表大会制度是符合中国国情、体现中国社会主义国家性质、能够保证中国人民当家作主的根本政治制度，也是党在国家政权中充分发扬民主，贯彻群众路线的最好形式，同国家和人民的命运息息相关。"[①]2014 年 9 月，习近平总书记在庆祝全国人民代表大会成立 60 周年大会上讲话时强调："在中国实行人民代表大会制度，是中国人民在人类政治制度史上的伟大创造，是深刻总结近代以后中国政治生活惨痛教训得出的基本结论，是中国社会 100 多年激越变革、激荡发展的历史结果，是中国人民翻身作主、掌握自己命运的必然选择。""60 年来特别是改革开放 30 多年来，人民代表大会制度不断得到巩固和发展，展现出蓬勃生机活力。60 年的实践充分证明，人民代表大会制度是符合中国国情和实际、体现社会主义国家性质、保证人民当家作主、保障实现中华民族伟大复兴的好制度。"[②]

第二节 中国共产党领导的多党合作和政治协商制度的形成与发展

一、多党合作和政治协商制度是新民主主义革命的必然结果

中国共产党领导的多党合作和政治协商制度是我国的一项基本政治制度，是具有中国特色的社会主义政党制度，共产党领导下的多党合作是这一基本政治制度的本质内容，而政治协商、以及政治协商制度则是多党合作的具体形式和主要途径。因此，中国共产党领导的多党合

---

① 中共中央文献研究室.十六大以来重要文献选编(中)[M].北京:中央文献出版社,2006:223.

② 习近平.在庆祝全国人民代表大会成立 60 周年大会上的讲话[N].人民日报,2014－09－06.

作和政治协商制度实质上是具有中国特色的政党制度,同时又是新时期爱国统一战线的制度架构。《中华人民共和国宪法》序言指出:"在长期的革命和建设过程中,已经结成由中国共产党领导的,有各民主党派和各人民团体参加的,包括全体社会主义劳动者、社会主义事业的建设者、拥护社会主义的爱国者和拥护祖国统一的爱国者的广泛的爱国统一战线,这个统一战线将继续巩固和发展。……中国共产党领导的多党合作和政治协商制度将长期存在和发展。"纵观世界各国的政党制度和政党政治,一个国家实行什么样的政党制度,不是哪一个人、哪一个党派主观随意选择的结果,而是由客观的革命形势和革命过程中政治力量对比所决定的。作为政党制度的中国共产党领导的多党合作和政治协商制度,是新民主义革命特别是新民主主义革命统一战线发展的历史必然。"在反帝、反封建和反对官僚资本主义的革命过程中,中国共产党与各民主党派逐步相识、相知,形成了相互配合、相互支持的合作关系,并随着革命形势的发展而不断得到巩固和加强。新民主主义革命的历史铸就了共产党领导的多党合作和政治协商制度。"①

无产阶级在革命斗争中,需要与其他进步的阶级阶层建立统一战线、结成同盟,而且在统一战线中要始终坚持无产阶级对统一战线的领导权主导权,这是马克思恩格斯关于无产阶级革命斗争策略的重要主张。马克思曾经指出:"在政治上为了一定的目的,甚至可以同魔鬼结成联盟。只是必须肯定,是你领着魔鬼走,而不是魔鬼领着你走。"②建立革命统一战线对于中国共产党领导的新民主主义革命来说就显得至关重要,因为近代中国是一个没有经过资本主义充分发展的半殖民地半封建性质的国家,工人阶级的人数很少,农民人口占绝大多数,社会

---

① 辛向阳、陈建波、郑曙村.中国特色社会主义政治制度研究[M].北京:经济科学出版社,2013:123.

② 中共中央马克思恩格斯列宁斯大林著作编译局.马克思恩格斯全集:第8卷[M].北京:人民出版社,1961:443.

阶级阶层多样而又复杂，帝国主义、封建主义、官僚资本主义等反动势力又极其强大，在这样的条件下发动革命并取得成功就必须要高度重视并善于建立革命统一战线。毛泽东1939年在《〈共产党人〉发刊词》中总结、概括中国革命规律时指出："统一战线是中国革命和建设的一大法宝。中国无产阶级要取得胜利，就必须在各种不同的情形下团结一切可能的革命的阶级和阶层，组织革命的统一战线。统一战线，武装斗争，党的建设，是中国共产党在中国革命中战胜敌人的三大法宝。正确地理解了这三个问题及其相互关系，就等于正确地领导了全部中国革命。"①中国共产党领导的革命统一战线，不仅要以工农联盟为基础、根据革命发展形势团结其他进步阶级阶层，而且还包括与其他进步的积极的党派团体结成革命同盟、形成革命合力，共同反对最主要的敌人。

1922年中国共产党二大提出了民主革命纲领，随即提出了建立民主联合阵线实现民主革命阶段任务的策略主张。国民党这个时候在革命屡屡受挫和和新的革命形势之下由"旧三民主义"向"新三民主义"进行转变。中国共产党与国民党进行了第一次合作，通过合作建立黄埔军校，发动北伐战争，有力地打击了封建军阀势力及帝国主义，将国民革命推向高潮。但是幼年时期的中国共产党在建立革命统一战线和党派合作上经验不足，致使在国共合作中一味的妥协、缺乏斗争的主动性和策略性，从而出现了国民党右派叛变革命并在1927年发动反革命政变，导致国共第一次合作的破裂和大革命的失败。在血的教训中，中国共产党走上了以革命的武装反抗武装的反革命的土地革命道路。与此同时，国民党右派叛变革命和投靠帝国主义，引起了以宋庆龄、何香凝、邓演达为代表的国民党左派的不满和抗议。1930年8月，邓演达在上

---

① 中共中央文献研究室.毛泽东选集：第2卷[M].北京：人民出版社，1991：605-606.

海主持召开会议,将组织松散的中华革命党改组为"中国国民党临时行动委员会"即中国农工民主党的前身,当时被称之为"第三党"。"第三党"在中国革命的指导思想、领导权问题上与中国共产党存在分歧,但是在反对蒋介石独裁统治上具有共识。1935年华北事变发生后,中华民族的民族危亡进一步加剧,中共中央发布了《为抗日救国告全体同胞书》即著名的《八一宣言》,提出了停止内战、建立抗日民族统一战线的号召。中国共产党的号召得到了"第三党"的响应,1935年11月"第三党"在《临时行动纲领》中提出"团结全国,对日抗战"的主张。

抗日战争时期,在建立最广广泛的抗日民族统一战线的政治基础上,中国共产党与国民党展开了第二次国共合作,与此同时中国共产党与其他民主党派也进行了精诚合作。1937年全面抗战爆发后,国共两党从名族大义出发,搁置十年内战恩怨,进行了第二次国共合作,中国共产党领导的革命武装改组为国民革命军第八路军和新四军,陕甘苏区改名为陕甘宁边区。在整个抗战过程中,国共合作也经历过一些曲折,特别是在抗战相持阶段时期国民党实行消极抗战、积极反共的政策,封锁陕甘宁边区、制造震惊中外的"皖南事变",但是国共合作的总体架构在形式上没有破裂,在一致对外的基础上国共两党没有爆发全面内战。抗日民族统一战线的另一道亮丽的风景则是民主党派及其人士和中国共产党一道主张坚持抗战到底、以及对共产党提出的建立民主联合政府主张的支持。1941年,农工民主党、国家社会党、青年党、中华职业教育社、中华救国会、乡村建设派以及一些民主人士,联合组成民主政团同盟,反对国民党对日投降,反对国民党实行一党专政,要求抗战到底和实行民主政治。1944年9月,根据中共中央的指示,林伯渠在三届三次国民参议会上提出"开国民会议,组成各抗日党派联合政府"的主张,这一民主、进步的主张立即得到各民主党派和民主人士的响应和支持,著名人士张澜、沈钧儒等人集会要求结束一党专政、建立民主联合政府。坚持抗战到底、反对国民党一党专政、建立民主联合政府成为中国共产党与民主党派惺惺相惜、相互理解和相互支持的重要政治基础。

1945 年 8 月，中国人民取得了抗日战争的伟大胜利。停止内战、建立民主联合政府成为共产党、各民主党派和饱受战争疾苦的中国人民的强烈主张和要求。1946 年 1 月 10 日至 31 日，国民党、中国共产党、其他党派和无党派人士的代表共 38 人，在重庆召开了政治协商会议，史称"旧政协"。政治协商会议期间，中国共产党与民盟就重大议题和问题交换看法、协调立场。民建（中国民主建国会）、民进（中国民主促进会）等则向政协会议呼吁停止内战、建立民主联合政府。民主党派大力配合、支持了中国共产党同国民党的斗争。

1946 年夏，国民党反动派撕毁和平建国协议，发动自绝于人民的全面内战。国民党坚持独裁内战、迫害民主人士的事实让民主党派彻底地看清了国民党反动派的专制本质和反动面孔，民主党派开始从信任、支持中国共产党转向和中国共产党站在一起反对国民党反动派。1948 年 1 月，民革宣布"本会当前之革命任务推翻蒋介石卖国独裁政权，实现中国之独立、自由、民主和和平。"1948 年 3 月，以民盟为代表的民主党派发表倒蒋反美宣言，公开宣布同中国共产党一起为推翻国民党反动派、建立新中国而奋斗。1948 年 4 月 30 日，中共中央发布的纪念"五一"劳动节口号即"五一口号"明确提出："各民主党派、各人民团体、各社会贤达迅速召开政治协商会议，讨论并实现召集人民代表大会，成立民主联合政府。"各民主党派纷纷发表声明，公开表示愿意在中国共产党的领导下将革命进行到底。这时，中国共产党的领导地位已经被各民主党派所确认，中国共产党领导的多党合作关系形成。

随着解放战争即将取得全国胜利，领导各民主党派一起来建立新中国的任务提上议事日程。1949 年 3 月，毛泽东在七届二中全会的报告中指出："召集政治协商会议和成立民主联合政府的一切条件，均已成熟。一切民主党派、人民团体和无党派人士都站在我们方面。"①经过充分的酝酿和准备,1949 年 9 月 21 日,中国人民政治协商会议第一届全体会议召开,会议通过了《中国人民政治协商会议共同纲领》《中华人民共和国中央人民政府组织法》《中国人民政治协商会议组织法》,选举产生了政协第一届全国委员会和中央人民政府委员会,宣告了中华人民共和国的成立。会议通过的具有临时宪法性质的《中国人民政治协商会议共同纲领》,明确规定了中国共产党的领导地位、以及中国共产党与民主党派的关系,标志着中国共产党领导的多党合作和政治协商制度的确立。

二、新中国成立后多党合作和政治协商制度的嬗变和发展

1949 年新中国成立后,中国共产党的历史方位发生了深刻变化,从一个长期领导人民从事革命的党转变为领导人民从事建设的党。在中国共产党的领导下,民革、民盟、民建、民进、农工党、致公党、九三学社、台盟等八个民主党派积极参与新中国建设,紧紧围绕巩固新生政权、建设新民主主义社会、社会主义改造等党的大政方针积极建言献策、参政议政,诚心诚意的拥护支持党领导的镇压反革命、土改、恢复国民经济、三反五反、民族工商业社会主义改造、知识分子社会主义改造等重大社会变革,并从自身党派角度发挥推动、配合作用。中国人民政治协商会议为民主党派建言献策、参政议政提供了制度平台,政治协商、参政议政则成为多党合作的具体内容。在党执政的历史条件下,中国共产党与民主党派开展多党合作的制度架构和模式基本形成。

在新民主主义社会时期,民主党派代表着小资产阶级、民族资产阶级以及一部分社会阶层的利益,小资产阶级、民族资产阶级是民主党派的阶级基础和社会基础。随着 1956 年三大改造的完成和社会主义制

---

① 中共中央文献研究室.毛泽东选集:第 4 卷[M].北京:人民出版社,1991:1435.

度的建立，小资产阶级、民族资产阶级作为一个阶级在社会中消失了，民主党派赖以存在的阶级基础——小资产阶级、民族资产阶级已经不复存在，民主党派的政治性质也发生了变化。在这种情况下，民主党派还需要存在吗？如果还需要存在，那么应当如何定位民主党派和发展多党派合作？更为现实的是，建国初期的中国人民政治协商会议从形式上看是共产党领导的多党合作的制度架构和运行模式，但实际上中国人民政治协商会议则是履行和发挥着全国人民代表大会的作用。1954 年第一届全国人民代表大会正式召开，通过了《中华人民共和国宪法》，人民代表大会制度正式确立。在这种情况下，作为曾经代行全国人大作用的中国人民政治协商会议、以及曾经起到临时宪法作用的《中国人民政治协商会议共同纲领》是否还需要继续存在并发挥作用？如果需要，那么中国人民政治协商会议的性质、地位和作用是什么？如何处理中国人民政治协商会议与全国人民代表大会的关系、以及《中国人民政治协商会议共同纲领》与《中华人民共和国宪法》的关系？这是党和国家政治生活、政治制度建设的重大问题。

1954 年 12 月 19 日，毛泽东在党内外人士座谈会上明确表示全国人大召开之后政协仍然需要存在并发挥重要作用的看法。毛泽东在座谈会上指出："主要的问题是政协的性质问题，是国家机关还是人民团体？""政协的性质有别于国家权力机关——全国人民代表大会，它也不是国家的行政机关。""如果把政协全国委员会也搞成国家机关，那就一国二公，是不行的，要区别各有各的职权。""政协是全国各民族、各民主阶级、各民主党派、各人民全体、国外华侨和其他爱国民主人士的统一战线组织，是党派性的。"[①]1954 年 12 月 21 日，中国人民政治协商会议第二届全国委员会第一次全体会议，会议通过的《中国人民政治协商会

---

① 中共中央文献研究室.毛泽东文集：第 6 卷[M].北京：人民出版社，1999：384 - 387.

议章程》宣布,中华人民共和国第一届全国人民代表大会第一次会议已于 1954 年 9 月 15 日至 28 日召开,中华人民共和国宪法已经颁布,中国人民政治协商会议共同纲领的基本内容已经列入宪法,这个共同纲领已经为宪法所代替。中国人民政治协商会议全体会议代行全国人民代表大会职权的任务已结束。但是,中国人民政治协商会议作为人民民主统一战线的组织仍然需要存在。1956 年 4 月毛泽东在《论十大关系》中总结多党合作的历史经验以及苏联东欧社会主义国家政党制度教训的基础上指出:"究竟是一个党好,还是几个党好? 现在看来,恐怕是几个党好。不但过去如此,将来也可以如此,就是长期共存,互相监督。"①1957 年 2 月,毛泽东在最高国务会议上作的《关于正确处理人民内部的矛盾问题》中指出:"凡属一切确实致力于团结人民从事社会主义事业的,得到人民信任的党派,我们没有理由不对它们采取长期共存的方针。"②在中共八大上,刘少奇在政治报告中明确提出中国共产党和民主党派"长期共存、互相监督"八字方针,多党合作和政治协商走上了制度化、规范化发展道路。

1957 年后,人民政协的工作也受到"左"的错误影响,多党合作和政治协商在曲折中发展。特别是文化大革命期间,共产党领导的多党合作和政治协商制度遭到严重破坏,多党合作和政治协商基本处于停滞状态。

1978 年 2 月,第五届政协全国委员会第一次全体会议召开,通过了新的《中国人民政治协商会议章程》,标志着多党合作和政治协商进入到一个新的历史阶段。在 1982 年党的十二大上将多党合作和政治协商的"长期共存、互相监督"的八字方针发展为"长期共存、互相监督、肝胆相照、荣辱与共"的十六字方针。1982 年,五届全国人大五次会议通

---

① 中共中央文献研究室.毛泽东文集:第 7 卷[M].北京:人民出版社,1999:34.
② 中共中央文献研究室.毛泽东文集:第 7 卷[M].北京:人民出版社,1999:35.

过的新的《中华人民共和国宪法》，首次明确规定了人民政协的性质、地位和作用。同年召开的第五届全国政协第五次会议通过了第三部《中国人民政治协商会议章程》。1987年党的十三大报告将中国共产党领导的多党合作和政治协商制度与人民代表大会制度并列为中国特色社会主义政治制度。1989年12月，中共中央颁布的《关于坚持和完善中国共产党领导的多党合作和政治协商制度的意见》明确指出"中国共产党领导的多党合作和政治协商制度是我国一项基本政治制度"。2000年全国统战工作会议上，江泽民强调："中国共产党领导的多党合作和政治协商制度是我国的一项基本政治制度。我们必须充分认识这项基本政治制度的优越性，把它坚持好、完善好、落实好。"[①]2015年5月18日至20日，中央统战工作会议召开，习近平总书记在讲话中强调：中国共产党领导的多党合作和政治协商制度是我国的一项基本政治制度，实践证明这个制度是适合我国国情，植根于我国土壤，构成了中国特色社会主义制度的一个鲜明特色。2015年9月，中共中央印发《中国共产党统一战线工作条例（试行）》。总的来说，改革开放后随着社会主义政治文明建设的不断推进，中国共产党领导的多党合作和政治协商制度逐步走上了制度化、规范化、常态化发展道路；在中国共产党的领导下，多党合作和政治协商实践在内容、渠道、形式、机制上更加丰富，为社会主义现代化建设作出了重要贡献。

纵观中国共产党领导的多党合作和政治协商制度产生、发展并走向成熟的历史过程，我们可以发现：中国共产党领导的多党合作和政治协商制度是在长期的革命与建设的历史实践中不断探索、不断完善的基础上逐步形成的，是历史的选择、人民的选择，是一种有鲜明中国特色和独特政治优势的政党制度。这是我们自觉坚持中国共产党领导的

---

① 中共中央文献研究室.十五大以来重要文献选编(中)[M].北京：中央文献出版社，2003：1494.

多党合作和政治协商制度、并对这一基本政治制度充满信心的重要历史基础。正如邓小平所说:"在中国共产党的领导下,实行多党派的合作,这是我国具体的历史条件和现实条件所决定的,也是我国政治制度中一个特点和优点。"[①]

第三节 民族区域自治制度的确立与发展

一、民族区域自治制度的确立

民族区域自治制度是我国的一项基本政治制度,是解决我国民族问题的基本政策,是中国共产党把马克思主义民族理论、国家结构理论与中国实际相结合的成功创举。《中华人民共和国宪法》《中华人民共和国民族区域自治法》明确规定,民族区域自治制度是各少数民族聚居的地方实行区域自治,设立自治机关,行使自治权。民族区域自治制度的核心是保障少数民族同胞当家作主。坚持和发展民族区域自治制度,对发挥各族人民当家作主的积极性,发展平等、团结、互助的社会主义民族关系,巩固国家的统一,促进民族自治地方和全国社会主义建设事业的发展,都起到了非常重要的作用。

民族作为人类社会生活的共同体,是在长期的社会历史发展中形成的。"民族是人们在历史上形成的一个有共同语言、共同地域、共同经济生活以及表现在共同文化上的共同心理素质的稳定的共同体。"[②]采用何种政治形式来有效地解决民族问题,这是多民族国家普遍面临的重大问题。马克思主义民族理论、国家结构理论为我们科学认识和正确解决民族问题提供了理论基础。

马克思主义民族理论认为民族问题与阶级问题密不可分,民族压

---

① 中共中央文献研究室.邓小平文选(第二卷)[M].北京:人民出版社,1994:205.

② 中共中央马克思恩格斯列宁斯大林著作编译局.斯大林选集:上卷[M].北京:人民出版社,1979:64.

迫源于阶级压迫,实现民族解放和民族平等首先取决于阶级解放。在生产资料私有制的条件下,民族共同体的内部必然会分化出有产者与无产者、剥削者与被剥削者、压迫者与被压迫者。民族的每个成员必然属于某个阶级,阶级的成员却分属于不同的民族,民族内部的阶级压迫一旦延伸、扩大到其他民族时,阶级压迫就会以民族压迫的外在形式表现出来。例如,在近现代世界历史上,帝国主义国家对亚非拉国家和民族的殖民侵略,从表现形式来看是一种民族压迫,而实际上则是帝国主义国家的资产阶级对本国以及亚非拉国家无产阶级和广大劳动人民的阶级压迫。因此,以争取和捍卫民族自决权的民族解放运动就带有反对帝国主义、反抗世界资产阶级的政治意义,并同帝国主义国家内部工人阶级的斗争遥相呼应,自然而然的形成革命同盟。阶级压迫是民族压迫的根源,要消灭民族压迫首先要消灭阶级压迫。马克思、恩格斯在《共产党宣言》中论及无产阶级解放与民族解放的关系时指出:"人对人的剥削一消灭,民族对民族的剥削就会随之消灭。民族内部的阶级对立一消失,民族之间的敌对关系就会随之消失。"[1]

多民族国家在解决民族问题、处理民族关系上,要在维护民族平等、团结的基础上采用单一制国家结构形式。马克思、恩格斯曾经针对当时的德国问题提出多民族国家在解决民族问题时需要建立单一制国家结构的主张。1850年,马克思、恩格斯面对德国长期分裂割据影响德国发展的事实,认为德国要建立"统一而不可分割的共和国"。1892年,恩格斯论及德国的国家建设时又强调说:"应当采用什么东西来代替现在的德国呢? 在我看来,无产阶级只能采取单一而不可分割的共和国形式。"[2]在国家和民族建设问题上,列宁也坚持集中制和共和国原

---

[1] 中共中央马克思、恩格斯面对列宁斯大林著作编译局.马克思恩格斯选集:第1卷[M].北京:人民出版社,1995:291.

[2] 中共中央马克思恩格斯列宁斯大林著作编译局.马克思恩格斯全集:第22卷[M].北京:人民出版社,1965:257.

则。1913年,列宁在《关于民族问题的批评意见中》强调:"只要各个不同的民族组成统一的国家,马克思主义者绝不主张实行任何联邦制原则,也不主张任何分权制。中央集权的大国是从中世纪的分散状态走向将来全世界社会主义的统一的一个巨大的历史步骤,除了通过这种国家(同资本主义有密切联系的国家)以外,没有也不可能有其他走向社会主义的道路。"①尽管马克思主义经典作家把集中统一作为解决民族问题的总的原则和基本主张,但是又指出不同国家要根据本国的具体实际灵活运用,提出了民族区域自治。列宁在肯定集中制的同时,又指出:"民主集中制不仅不排斥地方自治和具有特殊的经济和生活条件,特殊的民族成分等等的区域自治,相反的,它必须要求地方自治,也要求区域自治。"②

中国自古以来就是一个统一的多民族国家,汉族作为主体民族经济社会发展较快,人口也最多,而少数民族经济社会发展较慢,人口也较少,但居住地区辽阔。在长期的历史发展演进中,汉民族和少数民族形成了大杂居、小聚居以及交错式居住的局面。中国自秦汉建立中央集权的国家结构形式以来,各民族相互融合、建立大一统的国家成为社会历史发展的主流,在这个过程中创造了中国古代社会光辉灿烂的历史。历史上曾经出现过的民族不平等、民族压迫本质上是封建专制主义社会制度的产物,同时也是帝国主义侵略中国、试图分裂中国的产物。

在新民主主义革命中,中国共产党带领中国人民反对内外敌人,这不仅仅意味着要反抗阶级压迫、实现阶级解放,而且意味着反抗民族压迫、争取民族独立和实现民族解放,中国共产党不仅代表着中国工人阶

---

① 中共中央马克思恩格斯列宁斯大林著作编译局.列宁全集:第20卷[M].北京:人民出版社,1963:29.

② 中共中央马克思恩格斯列宁斯大林著作编译局.列宁全集:第20卷[M].北京:人民出版社,1963:29-30.

级的根本利益,而且代表着中国各民族人民和中国所有民族的根本利益。随着中华人民共和国的建立和社会主义制度的建立,人剥削人、人压迫人的社会制度被消灭了。真正实现各民族平等并在民族平等的基础上实现各民族团结和共同繁荣发展,具有了坚实的政治基础和制度保证,这是中华民族大家庭走向新的民族平等、民族团结和民族共同繁荣发展的新的里程碑。

如何从制度上保证少数民族人民群众翻身作主、当家作主,在民族平等、民族团结和民族共同繁荣发展的基础上建立起一个统一的多民族国家？这是中华人民共和国建国时就需要回答和解决的问题。中国共产党从民族发展实际、以及维护民族团结和国家统一大局出发,提出了实行单一制国家制度、同时又实行民族区域自治。周恩来在分析中国的民族实际的基础上指出:"中国的历史同当时俄国的情况却完全不同。中国的民族发展在地区上是相互交叉的,内地更是如此。汉族曾经长期统治中原,向兄弟民族地区扩张;可是,也有不少的兄弟民族进入过内地,统治过中原。这样就形成各民族杂居的现象,而一个民族完全居住在一个地方的比较少,甚至极少。……历史的发展使我们的民族大家庭需要采取与苏联不同的另一种形式。每个国家都有它自己的历史发展情况,不能照抄别人的。采取民族区域自治的办法对于我们是完全适宜的。"①周恩来又从民族团结、国家统一的大局着眼指出:"任何民族都是有自决权的,这是毫无疑问的事。但是今天帝国主义者又想分裂我们的西藏、台湾甚至新疆,在这种情况下,我们希望各民族不要听帝国主义者的挑拨。为了这一点,我们的国家的名称,叫中华人民共和国,而不叫联邦。""我们虽然不是联邦,但却主张民族区域自治,行

---

① 中共中央统一战线工作部,中共中央文献研究室.周恩来统一战线文选[M].北京:人民出版社,1984:370-372.

使民族自治的权力。"①可见,实行单一制和民族区域自治制度,对于遏制帝国主义国家分裂阴谋、维护民族团结和国家统一、巩固新生政权具有重要意义。

1949年9月第一届中国人民政治协商会议通过的具有临时宪法性质的《中国人民政治协商会议共同纲领》第六章"民族政策"第五十一条明确规定:"各少数民族聚居的地区,应实行民族的区域自治,按照民族聚居的人口多少和区域大小,分别建立各种民族自治机关。"②标志着民族区域自治制度作为我国的一项基本政治制度已经确立并被写进宪法,从而为建设平等、团结、共同繁荣发展的新型民族关系奠定了坚实基础。正如毛泽东所说:"国家的统一,人民的团结,国内各民族的团结,这是我们的事业必定要胜利的基本保证。"③

二、民族区域自治制度的发展

民族区域自治制度确立后该制度的进一步发展、完善实际上沿着两个方面展开,一方面是民族区域自治实践的具体实施和推进,另一方面是民族区域自治制度本身的进一步丰富和完善。事实上,在1949年9月中国人民政治协商会议正式确立民族区域自治制度之前,在少数民族聚居地建立自治政权、推进民族区域自治的实践已经开始。"从抗战前后开始,中国共产党在边区已经实行民族区域自治政策,边区先后建立了5个回民自治乡和1个蒙民自治县,积累了丰富而成熟的经验,在此基础上,1947年5月内蒙古自治区建立。"④建国之后,1955年10月建立新疆维吾尔自治区,1958年3月建立广西壮族自治区,1958年

---

① 中共中央统一战线工作部,中共中央文献研究室.周恩来统一战线文选[M].北京:人民出版社,1984:139-140.
② 中共中央文献研究室.建国以来重要文献选编:第1册[M].北京:中央文献出版社,1992:12.
③ 中共中央文献研究室.毛泽东文集:第7卷[M].北京:人民出版社,1999:204.
④ 刘颖,戚兴元.当代中国政治制度[M].济南:山东人民出版社,2011:241.

10 月建立宁夏回族自治区,1965 年 9 月建立西藏自治区。5 个省级民族自治区的建立以及少数民族聚居地区自治州、自治县的相继建立,中国共产党领导的民族区域自治从一种理论和制度变成了鲜活实践。

1954 年第一届全国人民代表大会召开并通过了中华人民共和国第一部宪法,民族区域自治制度被载入宪法,而且宪法还对民族区域自治作了更为具体的规定。宪法"总纲"中明确规定："中华人民共和国是统一的多民族的国家。""各少数民族聚居的地方实行区域自治。各民族自治地方都是中华人民共和国不可分离的组成部分。"①宪法第二章"国家机构"中的第五节"民族自治地方的自治机关"共有 5 条内容,分别对民族区域自治机关的建立、自治机关的代表名额、自治机关的职权、自治机关的自治权、自治机关与上级国家机关的关系等作出了明确规定。这不仅为民族区域自治制度提供了政治基础和宪法依据,而且对具体实施民族区域自治具有现实指导作用。民族区域自治制度的确立和实施,对于增进各民族的团结、巩固人民政权、维护国家统一、恢复国民经济发挥了重要作用。1959 年 4 月,周恩来在二届人大一次会议的政府工作报告中说："政府根据宪法的规定,在保证国家统一、实行民族平等的原则下,继续推行民族区域自治,已经收到很大的成效。"②但是,由于在社会主义建设道路探索中出现了"左"的失误,民族区域自治制度遭到破坏。文化大革命时期,一些地方的民族区域自治机关处于瘫痪状态,失去民族区域自治的权力。

改革开放后,民族区域自治制度逐渐恢复正常、走上健康发展道路。1980 年 8 月 18 日,邓小平在中共中央政治局扩大会议上作《党和国家领导制度的改革》时谈到了宪法修改建议,他认为新修改的宪法

---

① 中共中央文献研究室.建国以来重要文献选编:第 5 册[M].北京:中央文献出版社,1993:522.
② 刘先照.中国共产党主要领导人论民族问题[M].北京:民族出版社,1994:192.

"要使各少数民族聚居的地方真正实行民族区域自治"。① 1981年十一届六中全会通过的《关于建国以来党的若干历史问题的决议》,在深刻总结建国以来实施民族区域自治的成功经验、挫折教训的基础上郑重提出:"必须实行民族区域自治,加强民族区域自治的法制建设,保障各少数民族地区根据本地实际情况贯彻执行党和国家的自主权。"1982年五届人大五次会议通过新中国的第四部宪法,1982年宪法恢复了1954年宪法中关于民族区域自治的重要原则,而且增加了新的内容,例如,宪法明确规定"民族自治地方的自治机关是自治区、自治州、自治县的人民代表大会和人民政府","自治区、自治州、自治县的人民代表大会常务委员会中应当有实行区域自治的民族的公民担任主任或者副主任"。以1982年宪法为标志,民族区域自治制度恢复正常、走上了健康发展的道路。

在此基础上,民族区域自治制度还不断进一步发展和完善。1984年4月,六届人大二次会议通过了《中华人民共和国民族区域自治法》,这是一部关于民族区域自治的专门性法律,从而使民族区域自治制度实现了从宪法的原则性规定向具体立法的专门性规定的重大转变,为民族区域自治制度的健康发展提供了法律保障。1997年十五大报告将民族区域自治制度同人民代表大会制度、中国共产党领导的多党合作和政治协商制度一起,确立为中国特色社会主义基本政治制度。2005年5月,国务院颁布了《国务院实施〈中华人民共和国民族区域自治法〉若干规定》,以国务院行政法规的形式对贯彻落实《中华人民共和国民族区域自治法》、推动实施民族区域自治作出了更为具体的规定,进一步丰富和完善了民族区域自治法律制度。《中华人民共和国民族区域自治法》的制定、以及《国务院实施〈中华人民共和国民族区域自治法〉若干规定》的颁布实施,标志着民族区域自治制度走上了法治化发

---

① 中共中央文献研究室.邓小平文选(第二卷)[M].北京:人民出版社,1994:339.

展道路,民族区域自治制度不断完善和成熟。

总之,民族区域自治制度是中国共产党坚持马克思主义民族理论、充分考虑中国民族实际的基础上,历史形成的一项基本政治制度。经过建国 60 多年、特别是改革开放 30 多年的实践探索和完善,民族区域自治制度逐步走向成熟。民族区域自治制度对实现民族平等民族团结、维护国家统一发挥了重要作用。邓小平指出:"解决民族问题,中国采取的不是民族共和国联邦的制度,而是民族区域自治的制度。我们认为这个制度比较好,适合中国的情况。我们有很多优越的东西,这是我们社会制度的优势,不能放弃。"[①]2014 年 9 月 28 日,习近平总书记在中央民族工作会议暨国务院第六次全国民族团结进步表彰大会上讲话指出,民族区域自治制度是我国的一项基本政治制度,是中国特色解决民族问题的正确道路的重要内容。新中国成立 65 年来,党的民族理论和方针政策是正确的,中国特色解决民族问题的道路是正确的,我国民族关系总体是和谐的,我国民族工作做的是成功的。因此,要自觉的坚持好、发展好民族区域自治制度,同时要坚定民族区域自治制度是实现民族关系和谐和国家长治久安的认识和信心。

第四节　基层群众自治制度的形成和发展

一、村民自治制度的形成和发展

基层民主是广大人民群众在基层政权、基层群众性组织、以及企事业单位中依法直接行使民主选举、民主决策、民主管理、民主监督的权利。事实上,基层民主是中国特色社会主义民主的"微观基础"和重要组成部分,具有广泛的群众基础和广阔的发展空间,基层群众自治制度是中国特色社会主义政治制度的重要组成部分。2007 年党的十七大

---

① 中共中央文献研究室.邓小平文选(第三卷)[M].北京:人民出版社,1993:257.

首次将"基层群众自治制度"写入了党代会报告,第一次与人民代表大会制度、中国共产党领导的多党合作和政治协商制度、民族区域自治制度一起被纳入了中国特色政治制度范畴,报告还强调指出基层民主是人民当家作主最有效、最广泛的途径,是发展社会主义民主政治的基础性工程。2011年胡锦涛在庆祝中国共产党成立90周年大会上讲话指出:"人民代表大会制度是根本政治制度,中国共产党领导的多党合作和政治协商制度、民族区域自治制度以及基层群众自治制度等是基本政治制度。"基层群众自治制度的地位上升为中国特色社会主义基本政治制度。基层群众自治制度是在不断探索人民当家作主的实践中逐步形成并发展起来的。

村民自治是中国农村地区或者说农民群众的基层群众自治制度。"它是指广大农民,通过自治组织依法办理与村民利益相关的村内公共事业和公益事业,实现自我管理、自我服务、自我教育、自我监督的一项基本政治制度。"①从新中国建立到改革开放前,中国农村没有实施村民自治的土壤和条件。新中国建立初期为了在农村地区推进土改、镇压地主恶霸势力,加强了农村基层政权建设,规定行政村属于人民政权的基层组织。1950年国家颁布《乡(行政村)人民代表会议组织通则》《乡(行政村)人民政府组织通则》。1954年《中华人民共和国宪法》颁布后,宪法对国家政权组织体系进行了明确规定,规定乡镇为农村地区的基层政权单位,取消了村级政权,这为农村地区实施自我管理、自我服务的群众自治组织留下了"成长空间"。但是,1958年人民公社制度实施后,农村基层社会再次被纳入到国家政权组织的管控之下。从横向看,人民公社实行政社合一的体制,即人民公社既是生产组织,又是基层政权;从纵向看,人民公社管理实行"三级所有、队为基础"的体制,人

---

① 辛向阳,陈建波,郑曙村.中国特色社会主义政治制度研究[M].北京:经济科学出版社,2013:203.

民公社组织体系中最基层、最末端的生产队实际上按照自然村组建,生产队设队长、会计、管理委员监察委员,重大事项由生产队社员大会讨论决定,生产队具有明显的基层行政组织特征。

改革开放后,广大农村地区以家庭联产承包责任制为主要内容的改革迅速推开,农村生产关系发生着深刻的变化,这就要求农村上层建筑和管理体制做出相应的调整和变革,人民公社体制开始解体。人民公社解体后,为填补农村地区的公共管理和公共服务,一些地方农村自发地创造了自我管理的村民自治组织形式。1982年2月,中共中央转发《全国政治工作会议纪要》,提出在农村要有计划地进行建立村民或乡民委员会的试点工作。1982年12月,五届人大五次会议通过的新宪法明确规定取消人民公社的建制,改为乡镇。1983年10月,中共中央、国务院发出《关于实行政社分开建立乡政府的通知》,正式宣告人民公社体制的终结,这为在全国范围内建立村委会、实施村民自治提供了重要条件。人民公社相继被乡镇政府替代,生产大队也转变为村委会。村委会的建立、村民自治的实践开展是农村改革和农村经济社会发展的产物。

随着农村经济社会的发展以及社会主义民主法治建设的不断推进,村民自治的规范化、制度化、法治化水平不断提高,村民自治制度成为农民群众当家作主的重要基层民主制度。1987年11月24日,第六届全国人民代表大会常务委员会第二十三次会议审议通过了《村民委员会组织法(试行)》,该法对村委会的产生、任务、工作开展作出了明确规定,还明确规定了乡镇政府与村民委员会的关系是指导和协助的关系。1990年9月,民政部颁发了《关于在全国农村开展村民自治示范活动的通知》;1994年2月,民政部颁发了《全国农村自治示范活动指导纲要(试行)》。这两个文件对村民自治的内容、事项、程序、形式都作出了明确要求,提出了村民自治要着重建立民主选举、民主决策、民主管理、民主监督等四项基本制度。村民自治的内容更加充实、程序和形式更加规范。1998年11月4日,第九届全国人大常委会第五次会议在总结村民自治鲜活实践经验的基础上,修改了《村民委员会组织法(试行)》,审议并通过了《村民委员会组织法》。《村民委员会组织法》明确规定村民委员会是村民自我管理、自我教育、自我服务的基层群众性自治组织,村委会不是国家基层政权组织,不是一级政府,也不是乡镇政府的派出机构,村委会实行民主选举、民主决策、民主管理、民主监督,并对村委会的组成、职责、选举方式、村委会与村民会议的关系、村委会的民主监督等做出了明确规定。《村民委员会组织法》的颁布是村民自治制度法律化的历史性飞跃,是村民自治制度发展的重要里程碑。

村民自治制度是中国共产党领导中国农民发展中国特色社会主义民主政治的伟大创举。这一具有鲜明"草根"特色和"泥土"气息,同时又具有广阔空间和发展前景的基层民主制度,实际上是中国农民从计划经济向社会主义市场经济、从封闭社会向开放流动社会、从公社社员身份向现代农民身份转变的历史时代,探索和实践人民当家作主的历史产物。村民自治制度的推行和实施扩大了农村基层民主,调动和激发了农民群众当家作主的积极性、主动性和创造性,谱写了中国农村基层民主政治建设的新篇章。

二、城市居民自治制度的形成和发展

城市居民自治制度是指城市居民群众在城市基层党组织的领导下,依托社区居民委员会,围绕城市社区的公共管理、公益事业等事项依法行使民主选举、民主决策、民主管理和民主监督等权利,实现自我管理、自我服务、自我教育、自我监督的制度。城市居民自治主要依靠城市居民委员会为组织依托和实现形式,居民委员会发展变迁的历史也是城市居民自治制度产生发展的历史。

新中国建立初期,城市开展了民主建政运动,即发动城市居民群众肃清旧政权留下来的城市流毒,在居民群众政治觉悟的基础上建立具有群众自治性质的居民委员会。据彭真回忆："早在一九五三年,决定建立城市街道居民委员会的时候,即提出并经中央批准:街道居民委员会的性质是群众自治组织,不是政权组织。它的任务,主要是把工厂、商店和机关、学校以外的街道居民组织起来,在居民自愿原则下,办理有关居民的共同福利事项,宣传政府的政策法令,发动居民响应政府的号召和各基层政权反映居民的意见。居民委员会应由居民小组选举产生,在城市基层政权或其派出机关的统一指导下进行工作,但它在组织上并不是基层政权的'腿',不应交付很多事情给它办。居民委员会就是这样在城市办起来的。"①1954 年 12 月,第一届全国人大第四次会议制定了《城市居民委员会组织条例》,用法律的形式规定了居民委员会的性质、地位和作用,推动了城市居民委员会组织的建设和发展。但是,在计划经济和"单位制"时代,居民委员会发挥居民自治作用的空间不大,因为城市居民基本都被纳入到一个一个的"单位"中的所谓"单位人",单位包揽了职工的工资、福利、教育、医疗、保障等问题,居民委员会管辖的所谓"社区"仅仅是体制外的很少的无业居民。在这种情况下,虽然建立起了居民委员会,但是其功能和作用无法有效发挥。特别是文化大革命时期,居民委员会变成了革命委员会,居民委员会一度成为了开展群众性阶级斗争的工具。

　　改革开放后城市基层群众自治制度得到恢复、重建,并走上了常态化、制度化和法治化的轨道。1982 年 12 月,五届人大五次会议通过的新宪法明确规定了居民委员会的性质、任务和作用,宪法规定:"城市和农村按居民居住地区设立的居民委员会或者村民委员会是基层群众性自治组织。居民委员会、村民委员会的主任、副主任和委员由居民选举。""居民委员会、村民委员会设人民调解、治安保卫、公共卫生等委员会,办理本居住地区的公共事务和公益事业,调解民间纠纷,协助维护

---

① 彭真.论新中国的政法工作[M].北京:中央文献出版社,1992:426.

社会治安,并且向人民政府反映群众的意见、要求和提出建议。"1989年,全国人大常委会通过了《中华人民共和国城市居民委员会组织法》。城市基层群众自治不仅有了宪法保障,而且有了专门性法律依据,标志着城市基层群众自治走上了常态化、制度化、法治化的发展轨道。

20 世纪 90 年代中后期以来,随着社会主义市场经济的深入发展、国有企业改革的深化推进、随之而来的城市人口流动的加快加剧,这对城市社区管理提出了新问题新挑战,也正是在应对问题和挑战的过程中,城市社区管理、城市居民自治有了新的发展。国企改革、户籍改革、社保制度改革的深入推进,"单位人"逐步被"社会人"所取代,在以同一单位为主要居民构成的"老社区"之外,出现了大量职业身份多元、多样的居民所构成的"新社区",这对城市基层社会治理提出了新挑战,同时也对城市基层自治提出了新问题。在这种情况下,1999 年 1 月,国家民政部制定了《全国社区建设试验区工作实施方案》,提出并启动社区建设。2000 年 11 月,中共中央办公厅转发了《民政部关于在全国推进城市社区建设的意见》。2010 年 11 月,中共中央办公厅、国务院办公厅印发了《关于加强和改进城市社区居民委员会建设工作的意见》。这三个关于社区建设的重要文件的颁布和实施,标志着城市基层群众自治及其制度建设发展到一个新的阶段和水平,即通过加强社区建设不断丰富城市基层自治的内容和效果。

城市居民自治制度是中国共产党领导城市居民群众发展中国特色社会主义民主政治的制度创新,是城市居民群众不断探索和实践人民当家作主的历史产物。城市居民自治制度的推行和实施扩大了城市基层民主,激发了城市居民群众当家作主的积极性、主动性和创造性,提高了城市居民群众自我管理、自我服务的能力,对推动中国城市基层民主政治建设做出了重要贡献。

第三章 ‖ 自信的现实依据:中国特色社会主义政治制度的制度绩效

在社会历史发展还远未达到将国家与青铜斧、纺车等一起陈列于博物馆而自行消亡的时代,国家权力即政治权力的运行、以及作为规范政治权力运行的政治制度始终是国家治乱兴衰的关键因素。中华人民共和国建国 60 多年来特别是改革开放 30 多年来的持续、快速、稳定发展创造了世界现代化发展史上的"奇迹"和"神话",对于"中国发展之谜"的热议、讨论和研究随之成为重要议题和话题并在国内外兴起。中国的发展和崛起固然有很多原因、也必然会有各种不同的研究和解说的"脚本"。而其中最根本的原因则在于形成了中国特色社会主义道路,并在探索中国特色社会主义道路的过程中确立了中国特色社会主义制度。胡锦涛在庆祝中国共产党成立 90 周年大会上的讲话中强调:"中国特色社会主义制度,是当代中国发展进步的根本制度保障,集中体现了中国特色社会主义的特点和优势。"[1]习近平总书记强调:"我国政治稳定、经济发展、社会和谐、民族团结,同世界上一些地区和国家不断出现乱局形成了鲜明对照。这说明,我们的国家治理体系和治理能力总体上是好的,是适应我国国情和发展要求的。"[2]中国特色社会主义制度特别是中国特色社会主义政治制度是支撑、保障当代中国发展的

---

① 胡锦涛.在庆祝中国共产党成立 95 周年大会上的讲话[N].人民日报,2011-07-02.
② 习近平.切实把思想统一到党的十八届三中全会精神上来[J].求是,2014(1).

"中流砥柱"。中国特色社会主义政治制度在当代中国发展过程中不断展现出越来越明显的"制度优势"和"制度绩效",从而成为广大人民群众对中国特色社会主义政治制度认同、支持和自信的重要现实依据。

第一节　政治制度是影响发展的关键性因素

一、制度是影响发展的"最重要因素"

世界上存在着不同发展程度和发展水平的国家,大体上可以划分为发达国家、新兴工业化国家、发展中国家和最不发达国家。而一个国家特别是国土面积比较大的国家其内部往往也存在着发展的不平衡现象,有比较发达和繁荣的地区,也会有欠发达和比较落后的地区。这种发达与不发达、富裕与贫困的不均衡发展现象究竟是什么原因导致呢? 发展中国家和落后地区在发展上能不能追赶甚至超越呢? 如果答案是肯定的,那么又该凭借什么样的有利条件、实施什么样的得力举措去实现追赶和超越呢? 这是发展经济学、发展社会学、发展政治学都共同关注的问题。"牵牛要牵牛鼻子",认识问题要抓问题的关键,要回答前面所提及的一系列有关发展的重大问题,首先恐怕需要搞清楚究竟什么才是影响和制约发展的"最重要因素",这样在规划发展战略、制定发展政策时才能做到"心中有数",才能增强发展战略规划制定的规律性、自觉性和主动性。

对于影响和制约发展的条件因素问题的思考和研究由来已久,因为只要有人和人类社会存在,那么人类社会的发展就不仅仅是一个生生不息的实践问题,也必然会被对象化为研究课题并成为一个常论常新的理论问题。总体来看,关于影响和制约发展的条件因素问题,主要有以下几种代表性观点。

第一种观点是地理环境决定论。地理环境决定论认为自然条件即地理环境是人类社会发展的决定性因素,认为自然条件、自然环境决定经济发展、社会发展以及政治体制。地理环境决定论萌芽于古希腊时代,希波克拉底认为人类特性产生于气候,柏拉图认为人类精神生活与海洋影响有关。16世纪法国政治思想家博丹在《共和六论》一书中认为地理环境决定着民族性格、国家形式以及社会进步。18世纪法国的孟德斯鸠在《论法的精神》一书中系统阐述了社会制度、国家法律、民族精神"系于气候的本性""土地的本性"的观点。毋庸置疑,地理环境是人类生存和发展的重要物质基础,地理环境也必然会对社会发展产生重大影响。但是地理环境不是社会发展、国家制度的决定性因素,更不可能决定社会性质和社会制度的更替。具有差不多同样地理环境和自然条件的国家,它们的经济社会发展程度、社会制度却往往差异性很大。地理环境决定论忽视了人的主观能动性,人既是环境(自然环境和制度环境)的产物,同时人又在无时无刻地改造环境(发展生产力和建构社会制度)。

第二种观点是资源禀赋论和比较优势论。资源禀赋论和比较优势论认为,由于地理环境、自然条件和社会条件等方面的差异,不同国家在自然资源和生产要素的占有和使用上具有差异性,在某些行业和领域就会具有比较优势,因此在发展战略的规划和选择上要扬长避短,要充分利用自己的"资源禀赋"和"比较优势",大力发展具有"比较优势"的行业和产业,再通过国际贸易来"变现"这种优势。一般来说,人们都是在国际贸易理论的层面上讨论资源禀赋论和比较优势论。而作为发展条件和因素的资源禀赋论和比较优势论,则是要说明:对于静态的资源和要素要进行"优劣判断"和"比较分析",在此基础上发展具有"要素优势"和"比较优势"的行业和领域,这才是发展的成功之道。在这个意义上我们说,资源禀赋论和比较优势论比地理环境决定论似乎更具有解释力。但是问题是,如何保证发展道路和发展模式始终沿着"资源禀赋"和"比较优势"轨道发展呢?因为世界上具有"资源禀赋"和"比较优势"而没能发展起来的国家比比皆是。由此可见,"资源禀赋"和"比较优势"只是发展的必要条件,而不是充分条件、更不是决定性因素。

第三种观点是技术创新论。技术创新论认为科学技术以及科学技术创新在经济社会发展中起着决定性作用。从近现代以来人类经济社会发展的历史与科技发展的历史很容易得出这一结论,18世纪60年代,蒸汽机的发明和利用为标志开启了第一次工业革命,由此推动了英国等早期资本主义国家的崛起;19世纪70年代,以电的发明和利用为标志开启了第二次工业革命,资本主义国家从自由竞争阶段步入垄断资本主义时代;20世纪以来科学技术的迅猛发展,人类社会从工业社会步入后工业社会和信息化社会,日新月异的科技正在深刻的影响着改变着世界。马克思也曾经说生产力中包含科学技术,邓小平更是提出了"科学技术是第一生产力"的重要论断,当前我们国家非常重视科技创新并正在加紧实施创新驱动发展战略。科学技术是生产力中最革命的因素,科学技术对经济社会发展的作用至关重要,不承认这一点就不是历史唯物主义者。但问题是,既然科学技术这么重要而且对发展的作用这么突出,那么为什么各个国家在科学技术发展的水平上有那么大的差距?为什么不是所有的国家都能很好地发展本国的科学技术、并通过科学技术的发展来促进经济社会的发展呢?推动科学技术发展的因素和条件又是什么呢?因此,科学技术固然重要,但是发展科学技术的环境和条件则更为关键,这就好比拥有了结实的"渔网",又何愁捕不到"鱼"。

第四种观点是后发优势论。后发优势论认为世界各国在发展的时间序列上存在先后早晚,发展起步比较晚的国家在发展过程中具有"后发优势",这种优势集中表现为可以借鉴发展的"先驱者"和"探路者"的成功经验,吸取其发展成就和成果,借鉴其失败教训,正所谓"站在巨人的肩膀上"向前发展。20世纪中后期以来日本、亚洲"四小龙"、以及中国的快速发展和崛起,似乎为"后发优势"提供了现实佐证。毋庸置疑,后发现代化国家确实可以学习、借鉴先发展起来的那些国家的经验教训,也可以直接引进发达国家的先进科学技术而不是从头开始搞研发,这确实是后发国家发展过程中独特的"情境优势"。但是,我们对于"后发优势"不能抱有过多的不切合实际的"奢望"。事物总是辩证的,"后发优势"中可能也包含着"后发劣势",比如一味地引进发达国家先进技术从而形成技术依赖,致使自主创新和研发能力得不到提高;发达国家与发展中国家实力不对等,从而对发展中国家形成发展压力和发展围堵。如果后发国家面临的满眼都是"后发优势"的话,为什么世界上 100 多个发展中国家只有少数几个国家抓住了"后发优势"并实现了本国发展,而另外 100 多个发展中国家却没能把握住"后发优势"并长期"纠结"于发展呢? 由此可见,机遇有时候不仅仅在于机遇本身,而在于是否具备发现机遇的"眼睛"和把握机遇的能力。

第五种观点是文化决定论。文化决定论认为一个国家和民族的价值观念、宗教信仰、伦理道德等文化因素是影响发展的决定性因素。例如,德国社会学家马克斯·韦伯在《新教伦理与资本主义精神》《中国的宗教:儒教与道教》《印度的宗教:印度教与佛教的社会学》等著作中对不同宗教与经济社会发展的关系进行了深入研究,从而开创了"宗教社会学",在马克斯·韦伯看来,宗教所包含的文化和价值观是影响发展的决定性因素,不同国家和民族走上不同的发展道路其根源就在于各自不同的宗教和文化。美国政治学家萨缪尔·亨廷顿在《文明的冲突与世界秩序的重建》一书中则将世界文明按形态划分为不同的"文明板块",认为未来世界的动荡、冲突将在这些"文明板块"之间的地带发生,世界冲突将成为"文明与文明之间的冲突"。"文化的共性和差异影响了国家的利益、对抗和联合。世界上最重要的国家绝大多数来自不同的文明。最可能逐步升级为更大规模的战争的地区冲突是那些来自不同文明的集团和国家之间的冲突。政治和经济发展的主导模式因文明的不同而不同。国际议题中的关键争论问题包含文明之间的差异。"[①]

---

① 萨缪尔·亨廷顿.文明的冲突与世界秩序的重建[M].周琪,等,译.北京:新华出版社,2009:7.

文化作为思想上层建筑,必然会影响和制约经济社会发展,但是绝不是社会发展的决定性因素。世界上发展成功的国家中既有这种文化和文明的国家,也有那种文化和文明的国家;发展不成功的国家同样既有这种文化和文明的国家,也有那种文化和文明的国家;具有相同或相近文化和文明的国家既有发展成功的,也有发展不成功的。由此可见,文化不是发展的决定性因素,文化和文明类型与经济社会发展不存在"对号入座"的对应关系。

上述五种有代表性的观点尽管还没有真正"寻找"到影响和制约发展的"最重要因素",但不可否认的是它们确实是影响和制约发展的因素,社会发展是多方面条件和因素综合作用的结果。正如恩格斯在论及社会发展的"历史合力"时所说:"历史是这样创造的:最终的结果总是从许多单个的意志的相互冲突中产生出来的,而其中的每一个意志,又是由于许多特殊的生活条件,才成为它所成为的那样。这样就有无数互相交错的力量,有无数个力的平行四边形,由此就产生出一个合力,即历史的结果,而这个结果又可以看作一个作为整体的、不自觉地和不自主地起着作用的力量的产物。"①但是在社会发展的"历史合力"的形成过程中、在影响和制约发展的所有因素中,最重要、最关键的因素就是制度。

制度其实就是人们共同遵守的规则、准则和程序,制度是调节人与人之间社会关系、配置社会资源、分配社会权利、维持社会秩序的一系列规章制度和法律法规的总和。新制度经济学的一个基本观点是:制度是影响经济发展的决定性因素。诺贝尔经济学奖得主、著名新制度经济学家道格拉斯·C·诺斯与罗伯斯·托马斯在《西方世界的兴起》一书中,对公元900年到公元1700年西欧中世纪时期的经济发展、以

---

① 中共中央马克思恩格斯列宁斯大林著作编译局.马克思恩格斯选集:第4卷[M].北京:人民出版社,1995:697.

及资本主义经济发展初期西欧主要国家的经济制度和经济发展进行了历史回顾和系统梳理,在此基础上得出一个基本结论:"有效率的经济组织是经济增长的关键;一个有效率的经济组织在西欧的发展正是西方兴起的原因所在。"①此后,道格拉斯·C·诺斯在《经济史中的结构与变迁》一书中进一步系统阐述了他在《西方世界的兴起》中所得出的基本结论,诺斯认为:"制度提供了人类相互影响的框架,它们建立了构成一个社会,或更确切地说一种经济秩序的合作与竞争关系。"②受制度经济学理论的启示和影响,德隆·阿西莫格鲁和詹姆斯·A·罗宾逊在《国家为什么会失败》一书中也认为制度是影响国家治乱兴衰的关键因素。作者在该书中谈到了地理环境、自然条件、甚至气候条件都基本相同,但是发展程度却有天壤之别的两个城市——美国亚利桑那州的诺加利斯与墨西哥索诺拉州的诺加利斯。之所以会出现这么大的发展差异,作者认为:"这是因为国境线两边采取的是完全不同的制度,这给亚利桑那州诺加利斯和索诺拉州诺加利斯的居民创造了完全不同的激励。美国现在远比墨西哥或者秘鲁富得多,是由于其制度——无论是经济制度还是政治制度——所形成的产业、个人或政治家们的激励方式。"③作者在继续考察世界上更多发展成功与失败的案例及其原因剖析的基础上,得出基本结论:包容性经济制度和包容性政治制度是一个国家实现长期发展的关键所在,而汲取性经济制度和汲取性政治制度则是导致一个国家未能成功发展的主要原因。当代著名政治学家弗朗西斯·福山在新近出版的《政治秩序的起源:从前人类时代到法国大革

---

① 道格拉斯·C·诺斯,罗伯斯·托马斯.西方世界的兴起[M].厉以平,蔡磊,译.北京:华夏出版社,1989:1.

② 道格拉斯·C·诺斯.经济史中的结构与变迁[M].陈郁,罗华平,等,译.上海:上海人民出版社,1994:225.

③ 德隆·阿西莫格鲁,詹姆斯·A·罗宾逊.国家为什么会失败[M].李增刚,译.长沙:湖南科学技术出版社,2015:28-29.

命》一书中指出:"近几年来,经济学家有了广泛认同,'制度确实重要'。穷国之所以穷,不是因为它们缺少资源,而是因为它们缺少有效的政治制度。"①

制度是影响一个国家和社会发展的决定性因素这一命题,实际上也是马克思历史唯物主义的一个基本观点。人与人相互交往形成人类社会,人是人类社会历史的主体,人是社会历史的创造者,人的积极性主动性创造性的调动对社会发展至关重要。如何调动人的积极性主动性创造性呢? 这需要从"现实的人"而不是抽象的人入手。首先,"现实的人"是有生命的个体,是有血有肉、有思想情感、有物质需求和精神需求的具体的个人。社会存在和发展的前提是人的存在和人自身的再生产。其次,"现实的人"是处于一定社会关系并从事社会交往活动的人。现实的人是从事物质生产与精神生产并过着一定社会生活的人,而物质生产活动和精神生产活动都是在一定的社会关系中进行的,离开这些社会关系,人们的社会活动就无法进行,任何个人都不能离开特定的社会关系而存在。"各个人的出发点总是他们自己,不过当然是处于既有的历史条件和关系范围之内的自己,而不是玄想家们所理解的'纯粹的'个人。"②每一个人既存在于特定的社会关系之中,充当着社会关系的承载者,同时又通过自己的社会实践活动和社会交往活动推动着社会关系的"再生产"。生产关系以及由此而衍生出来的社会关系、社会制度不仅是社会主体的生存条件,而且直接成为影响人的积极性主动性创造性调动、以及社会主体能动性发挥的决定性因素。

二、政治制度在制度体系中占据"决定性地位"

制度是影响一个国家和社会发展的"最重要因素"和关键变量,而

① 弗朗西斯·福山.政治秩序的起源:从前人类时代到法国大革命[M].毛俊杰,译.南宁:广西师范大学出版社,2014:19.
② 中共中央马克思恩格斯列宁斯大林著作编译局.马克思恩格斯选集:第1卷[M].北京:人民出版社,1995:119.

在一个国家的制度体系中,政治制度则占据"决定性地位"。

唯物史观是马克思的"两大发现"之一,是马克思主义理论体系大厦的重要基石。唯物史观认为:生产力决定生产关系,经济基础决定上层建筑,一切社会历史发展的最终原因应当从经济关系和物质利益关系中去寻找,而不是从思想观念和政治变革中去寻找。应该说,唯物史观在强调生产力、经济利益关系在"归根结底"意义上所起的决定性作用的同时,并不否认其他因素对社会历史发展的重要作用。特别是政治上层建筑的反作用力,在社会历史发展的环节和过程中往往起着"指引性""先导性"和"决定性"作用。为了回击有人将马克思的唯物史观曲解为机械的、庸俗的"经济决定论",恩格斯对政治权力的反作用力作出如下概括:"国家权力对于经济发展的反作用可以有三种:它可以沿着同一方向起作用,在这种情况下就会发展得比较快;它可以沿着相反方向起作用,在这种情况下,像现在每个大民族的情况那样,它经过一定的时期都要崩溃;或者是它可以阻止经济发展沿着既定的方向走,而给它规定另外的方向——这种情况归根到底还是归结为前两种情况中的一种。但是很明显,在第二和第三种情况下,政治权力会给经济发展带来巨大的损害,并造成人力和物力的大量浪费。"[1]1921年列宁在反对庸俗"经济决定论"时强调指出:"政治是经济的集中表现……政治同经济相比不能不占首位。不肯定这一点,就是忘记了马克思主义的最起码的常识。"[2]"一个阶级如果不从政治上正确地看问题,就不能维持它的统治,因而也就不能完成它的生产任务。"[3]工人阶级只有开展政治

---

[1] 中共中央马克思恩格斯列宁斯大林著作编译局.马克思恩格斯选集:第4卷[M].北京:人民出版社,1995:701.

[2] 中共中央马克思恩格斯列宁斯大林著作编译局.列宁选集:第4卷[M].北京:人民出版社,1995:407.

[3] 中共中央马克思恩格斯列宁斯大林著作编译局.列宁选集:第4卷[M].北京:人民出版社,1995:408.

斗争,改变自己的政治地位、上升为统治阶级,才能从根本上改变自己受剥削、受压迫的经济命运和社会地位,这是科学社会主义与工联主义的重要区别。

政治之所以具有"统领作用"、政治制度之所以在制度体系中占据"决定性地位",源于国家的本质。恩格斯在《家庭、私有制和国家的起源》中指出:"国家是社会在一定发展阶段上的产物;国家是承认:这个社会陷入了不可解决的自我矛盾,分裂为不可调和的对立面而又无力摆脱这些对立面。而为了使这些对立面,这些经济利益互相冲突的阶级,不致在无谓的斗争中把自己和社会消灭,就需要有一种表面上凌驾于社会之上的力量,这种力量应当缓和冲突,把冲突保持在'秩序'的范围以内;这种从社会中产生但又自居于社会之上并且日益同社会相异化的力量,就是国家。"①可见,国家不是从来就有的,而是随着生产力的发展社会出现了剩余产品、出现了私有制、社会分化为不同的阶级时,统治阶级为了维护自己的利益、维护统治秩序,从而建立起军队、监狱、警察等国家暴力机器,建立起一整套制度和法律,以社会利益代表者身份对公共事务进行管理,这就是国家的产生过程,国家在本质上是阶级统治的工具。在国家制度体系中,政治制度直接界定和反映不同阶级在国家权力关系中所处的地位,直接体现国家的性质,因此具有"决定性地位"。

在社会主义现代化建设中,政治建设发挥着"统领作用"、政治制度发挥着极为重要的政治支撑和保障作用。改革开放前,在"政治挂帅"和"以阶级斗争为纲"的年代,我们出现了严重的"左"的错误,社会主义建设遭受了严重的挫折。但这并不能简单地得出结论说社会主义建设过程中政治和政治制度就无关紧要、可有可无了。问题的关键在于我们用什么样的政治观去审视政治、采用什么样的方式去推动政治建设。

---

① 中共中央马克思恩格斯列宁斯大林著作编译局.马克思恩格斯选集:第4卷[M].北京:人民出版社,1995:170.

我们不能再简单地将政治等同于"阶级斗争",也不能再简单地将政治活动等同于组织和发动"群众运动"。邓小平强调:"经济工作是当前最大的政治,经济问题是压倒一切的政治问题。"①"所谓政治,就是四个现代化。"②在全党工作中心转向经济建设之后,要发挥好社会主义制度的优势、特别是政治制度的优势,为改革开放和现代化建设提供政治保障和政治支撑。1986年邓小平在视察天津时强调:"改革,现代化科学技术,加上我们讲政治,威力就大多了。到什么时候都得讲政治。"③

1995年9月党的十四届五中全会召开,全会审议并通过了《中共中央关于制定国民经济和社会发展"九五"计划和2010年远景目标的建议》。江泽民在党的十四届五中全会闭幕时的讲话强调要"正确处理社会主义现代化建设中的若干重大关系",这些带有全局性的12个重大关系是:改革、发展、稳定的关系;速度和效益的关系;经济建设和人口、资源、环境的关系;第一、二、三产业的关系;东部地区和中西部地区的关系;市场机制和宏观调控的关系;公有制经济和其他经济成分的关系;收入分配中国家、企业和个人的关系;扩大对外开放和坚持自力更生的关系;中央和地方的关系;国防建设和经济建设的关系;物质文明建设和精神文明建设的关系。在十四届五中全会召集人会议上,江泽民在讲话中强调"领导干部一定要讲政治",指出:"我们搞现代化建设,中心任务是发展经济,但是必须有政治保证,不讲政治、不讲政治纪律不行。"④1996年3月江泽民在"两会"讲话中再次谈到"讲政治"时指出:"党的十一届三中全会确定以经济建设为中心。这是我们党在深刻总结历史经验基础上作出的战略决策,实践已经充分证明这个决策是完全正确的。经济是基础,解决中国的所有问题,归根到底要靠经济的

---

① 中共中央文献研究室.邓小平文选(第二卷)[M].北京:人民出版社,1994:194.
② 中共中央文献研究室.邓小平文选(第二卷)[M].北京:人民出版社,1994:194.
③ 中共中央文献研究室.邓小平文选(第三卷)[M].北京:人民出版社,1993:166.
④ 中共中央文献研究室.江泽民文选:第1卷[M].北京:人民出版社,2006:458.

发展。从这个意义上说,集中力量把经济搞上去,实现中国的现代化,本身就是最大的政治。"①"我们要求领导干部讲政治,绝不会影响经济的发展,更没有任何意思要去以政治代替经济。恰恰相反,这是为了创造更加充分的政治条件和提供更强有力的政治保证,确保全国人民一心一意地把经济建设更好更快地搞上去。"②江泽民关于"领导干部一定要讲政治"的系列重要论述表明:社会主义现代化要始终围绕经济建设这个中心,任何时候都不能偏离这个中心;而且要随着社会主义市场经济的不断发展,要善于处理好社会主义代化化建设中关系全局的重大关系问题;更重要的是,在社会主义现代化建设中要"讲政治",要发挥社会主义的政治和政治制度的优势,为整个现代化建设保驾护航。

政治是经济的集中体现,政治对经济社会的发展具有极为重要的统领、支撑和保障作用。因此,政治制度在一个国家和社会的发展中扮演着极为关键的角色,发挥着极为重要的统领、支撑和保障作用。中国特色社会主义政治制度是当代中国发展进步的"擎天柱",在当代中国快速发展和社会全面进步中起到了极为重要的统领、支撑和保障作用,这是研究当代中国发展所不能忽视的重要方面。2014 年 9 月 5 日,习近平总书记在庆祝全国人民代表大会成立 60 周年大会讲话中强调指出:"中国实行工人阶级领导的、以工农联盟为基础的人民民主专政的国体,实行人民代表大会制度的政体,实行中国共产党领导的多党合作和政治协商制度,实行民族区域自治制度,实行基层群众自治制度,具有鲜明的中国特色。这样一套制度安排,能够有效保证人民享有更加广泛、更加充实的权利和自由,保证人民广泛参加国家治理和社会治理;能够有效调节国家政治关系,发展充满活力的政党关系、民族关系、宗教关系、阶层关系、海内外同胞关系,增强民族凝聚力,形成安定团结

---

① 中共中央文献研究室.江泽民文选:第 1 卷[M].北京:人民出版社,2006:514.
② 中共中央文献研究室.江泽民文选:第 1 卷[M].北京:人民出版社,2006:515.

的政治局面;能够集中力量办大事,有效促进社会生产力解放和发展,促进现代化建设各项事业,促进人民生活质量和水平不断提高;能够有效维护国家独立自主,有力维护国家主权、安全、发展利益,维护中国人民和中华民族的福祉。"①由此可见,中国特色社会主义政治制度在保障人民当家作主、推动经济发展、保障社会稳定和政治稳定上发挥着极其重要的作用。

第二节 中国特色社会主义政治制度是经济发展的政治支撑

一、当代中国经济发展"奇迹"

经济是一个国家和民族强盛的重要物质基础,经济建设在治国理政中占据重要基础性地位。东汉末政治家、史学家荀悦在《申鉴》中论及治国理政之"五政"时曾说道:"兴农桑以养其生,审好恶以正其俗,宣文教以章其化,立武备以秉其权,明赏罚以统其法。是谓五政。"其中"兴农桑以养其生"位居"五政"之首。建国60多年特别是改革开放30多年来,中国经济建设取得了举世瞩目的伟大成就,这是当代中国社会全面进步、国际影响力大幅度提升的重要基础。

当代中国经济增长速度长时间居世界各国各经济体之首,经济总量稳居世界第二。近代以来的中国经历了长达百年的半殖民地半封建社会的历史,再加之近代以来国内持续不断的战乱和社会动荡,致使旧中国经济发展非常缓慢、民生凋敝、民不聊生。因此,新中国建立时经济基础非常薄弱,几乎没有什么工业和工业基础,经济发展水平和基础低于亚洲平均水平,很多重要经济指标低于近邻印度。正如毛泽东在建国初期所说:"现在我们能造什么? 能造桌子椅子,能造茶碗茶壶,能

---

① 习近平.在庆祝全国人民代表大会成立60周年大会上的讲话[N].人民日报,2014-09-06.

种粮食,还能磨成面粉,还能造纸,但是,一辆汽车、一架飞机、一辆坦克、一辆拖拉机都不能造。"①正基于此,当时有人就认为:中国共产党军事上可以打 100 分,政治上可以打 80 分,而经济上却只能是零分。但是,中国共产党制定和实施了正确的经济政策,推动土改、稳定物价、恢复生产,战争创伤很快得到医治。接着在苏联的大力援助下,在推进社会主义改造的同时推进社会主义工业化并实施第一个五年计划,从而初步建立起社会主义工业体系和国民经济体系。"从经济增长的角度来衡量,第一个五年计划是一个令人吃惊的成功。国民收入年平均增长率为 8.9%,农业和工业产量的增长每年分别约为 3.8% 和 18.7%,由于人口的年增长率为 2.4%,人均生产增长 6.5%,按此速度,国民收入每十一年将翻一番,中国在 20 世纪前半期的生产增长勉强赶上人口增长,与此类型相比,第一个五年计划的特征是明显的加速度,中国的经验与大部分新独立的发展国家相比也是值得称赞的。"②改革开放后中国经济高速发展,用 30 多年的时间走完了西方发达国家上百年所走过的路。2008 年 12 月 18 日,胡锦涛在纪念党的十一届三中全会召开30 周年大会上讲话上指出:"从 1978 年到 2007 年,我国国内生产总值由 3645 亿元增长到 24.95 万亿元,年均实际增长 9.8%,是同期世界经济年均增长率的 3 倍多,我国经济总量上升为世界第四。"③2008 年经济金融危机之后,欧美发达国家增长缓慢甚至出现负增长,而中国仍然保持强劲增长势头,2010 年中国经济总量超过日本位居世界第二。当前,中国经济总量仅次于美国,在世界经济蛋糕中所占份额不断攀升。

中国经济发展不仅仅体现在经济总量和经济排名位次上,还体现

---

① 中共中央文献研究室.毛泽东文集:第 6 卷[M].北京:人民出版社,1999:329.

② R.麦克法夸尔,费正清.剑桥中国人民共和国史(上卷)[M].北京:中国社会科学出版社,1990:141.

③ 胡锦涛.在纪念党的十一届三中全会召开 30 周年大会上的讲话[N].人民日报,2008-12-19.

在人民生活水平的大幅度提高上。新中国成立以来特别是改革开放以来,伴随着中国经济的快速发展,城乡居民的生活水平大幅度提高,从基本解决温饱到总体达到小康水平、再到即将实现全面小康的目标。胡锦涛在纪念党的十一届三中全会召开 30 周年大会上讲话上指出:"这 30 年是我国城乡居民收入增长最快、得到实惠最多的时期。从1978 年到 2007 年,全国城镇居民人均可支配收入由 343 元增加到13786 元,实际增长 6.5 倍;农民人均纯收入由 134 元增加到 4140 元,实际增长 6.3 倍;农村贫困人口从 2.5 亿减少到 1400 多万。"[①]国家统计局公布的数据显示:2015 年中国城镇居民人均可支配收入 31195 元,比上年增长 8.2%,扣除价格因素实际增长 6.6%;农村居民人均可支配收入 11422 元,比上年增长 8.9%,扣除价格因素实际增长 7.5%。从反映居民生活水平的恩格尔系数来看,改革开放 30 年来我国城乡居民恩格尔系数大幅度下降,城镇居民的恩格尔系数由 1978 年的 57.5%下降到 2007 年的 36.3%;农村居民的恩格尔系数由 67.7%下降到43.1%。中国城乡居民的恩格尔系数 2013 年为 31.2%,2014 年为31%,2015 年为 30.6%。伴随着居民生活水平的提高,人均寿命也大幅度提高,据人口普查数据显示:建国初期我国人均预期寿命只有 40岁左右,而 2010 年第六次全国人口普查的数据则是 74.8 岁。

中国经济发展还体现在对国际经济格局以及世界经济增长的影响力上。在进出口贸易、引进外资、对外直接投资等对外经贸方面,中国均位居世界前列并对世界经济发挥着重要影响力。国家统计局数据显示:2011 年我国经济总量占世界的 10%,2013 年我国经济总量占世界的 12.3%,2015 年我国的经济总量占世界的 15.5%。2011~2015 年,中国 GDP 年均增长率为 7.3%,同期全球经济增长率的均值为 2.4%,

---

① 胡锦涛.在纪念党的十一届三中全会召开 30 周年大会上的讲话[N].人民日报,2008-12-19.

在世界主要发达经济体和发展中国家中,增速排名第一。2011~2015年,中国经济增长对世界经济的贡献率超过25%,中国经济已经成为世界经济增长的最重要引擎,提供了全球经济复苏最主要拉动力。2015年11月30日,国际货币基金组织(IMF)执董会批准人民币作为第五种货币,同美元、欧元、日元和英镑一道构成特别提款权(SDR)货币篮子;2015年12月25日,《亚洲基础设施投资银行协定》正式生效,亚洲基础设施投资银行宣告成立,这是全球首个由中国倡议设立的多边金融机构。由此可见,中国在国际经济游戏规则制定上的参与度、话语权和影响力显著提升。

二、当代中国经济发展的政治制度"支撑"

当代中国经济发展是相当成功的,这一点没有人能够否认,这也以事实雄辩的回答了中国共产党能不能发展经济的种种"担心"和"疑问"。正如习近平总书记所说,我们中国共产党人能不能打仗,新中国的成立已经说明了;我们中国共产党人能不能搞建设搞发展,改革开放的推进也已经说明了。对于当代中国经济成功发展的原因有很多的分析,但最关键的是探索到了一条适合于我们自己发展的道路并逐步确立了一系列适合于我们自己发展的制度。其中,中国特色社会主义政治制度则起着非常重要的政治支撑作用。因为经济的发展离不开国家职能和国家作用的有效发挥,而国家职能和国家作用的发挥又是在一定的政治制度条件下进行的,正是在这个意义上,政治制度才成为制约经济发展的关键因素。

马克思主义国家理论认为,国家在本质上是阶级统治的工具,但是同时又要以社会代表者的身份对社会公共事务进行管理,而且这种公共事务管理是维护和实现政治统治的前提,政治统治职能以社会职能为基础。马克思在《不列颠在印度的统治》中论述东方国家的职能时指出:"在亚洲,从远古的时候起一般说来就只有三个政府部门:财政部门,或者说,对内进行掠夺的部门;战争部门,或者说,对外进行掠夺的部门;最后是公共工程部门。……所以亚洲的一切政府都不能不执行一种经济职能,即举办公共工程的职能。"①恩格斯在《社会主义从空想到科学的发展》中论述资本主义国家的职能时指出:"无论在任何情况下,无论有或者没有托拉斯,资本主义社会的正式代表——国家终究不得不承担起对生产的领导。这种转化为国家财产的必然性首先表现在大规模的交通机构,即邮政、电报和铁路方面。"②由此可见,国家在经济社会发展中绝不是一个消极被动的角色,而是扮演着积极主动的角色。

新制度经济学也认为国家是政治制度、经济制度的制定者,国家在经济社会发展中扮演着极为重要的角色。道格拉斯·C·诺斯指出:"国家的存在是经济增长的关键,然而国家又是人为经济衰退的根源;这一悖论使国家成为经济史研究的核心,在任何关于长期变迁的分析中,国家模型都将占据显要的一席。"③"政治不仅界定并实施着型塑一个经济体系基本激励结构的产权,而且在当今世界,政府在国民生产总值中的份额,以及政府无处不在的、时刻在变的管制,都是影响经济绩效的最关键因素。"④德隆·阿西莫格鲁和詹姆斯·A·罗宾逊认为:"尽管经济制度对决定一个国家的贫富非常重要,但是政治和政治制度决定了一个国家有什么样的经济制度。"⑤

关于国家社会职能即国家在经济社会发展中"应该做什么"和"不

---

① 中共中央马克思恩格斯列宁斯大林著作编译局.马克思恩格斯选集:第1卷[M].北京:人民出版社,1995:762.

② 中共中央马克思恩格斯列宁斯大林著作编译局.马克思恩格斯选集:第3卷[M].北京:人民出版社,1995:752.

③ 道格拉斯·C·诺斯.经济史中的结构与变迁[M].陈郁,罗华平,等,译.上海:上海人民出版社,1994:20.

④ 道格拉斯·C·诺斯.制度、制度变迁与经济绩效[M].杭行,译.上海:上海人民出版社,2008:154.

⑤ 德隆·阿西莫格鲁,詹姆斯·A·罗宾逊.国家为什么会失败[M].李增刚,译.长沙:湖南科学技术出版社,2015:30.

应该做什么"的问题、或者说国家在经济社会发展中"扮演什么样的角色"的问题,在不同的理论流派那里分歧很大。自由主义经济学鼻祖亚当·斯密在《国富论》中认为,国家无非是一个"更夫",保护社会不受外来侵略,维护社会公共秩序。公共经济学家詹姆斯·M·布坎南在《自由、市场和国家》中认为国家职能在于:第一,执行现行法律的职能,即履行"保护性国家"、诺齐克"最低限度国家"或者"守夜人国家"的职能;第二,履行现行法律范围内的集体行动,例如提供公众所需要的商品和服务,即"生产性国家";第三,改变法律本身和现行成套法律规定的职责。英国福利经济学家伊恩·高夫在《福利国家的政治经济学》中认为国家职能主要有:第一,设置行政部门、公安部门、国防机构,维持社会运转的基本秩序的职能;第二,建立生产条件的职能,如建设交通运输、能源和基础设置;第三,建立劳动力再生产条件的职能,如提供教育、保健服务。这些关于国家社会职能的不同观点反映了对国家社会职能的不同认识,也反映了特定国家在特定发展阶段对国家社会职能的不同需要。实际上,国家要在经济社会发展中发挥积极作用,但是具体发挥什么样的作用、通过什么方式去发挥作用,则要看不同国家在特定历史发展阶段的实际需要。

通过社会主义市场经济来推动经济发展,这是中国在特定历史发展阶段国家发挥社会职能、推动经济发展的具体形式,也是中国特色社会主义政治制度"支撑"经济发展的实现形式。国家或者说政府在经济发展中发挥"支撑"作用基本上是通过构建特定的"政府——市场关系"或者说"计划——市场关系"来实现的。"政府——市场关系"是一个长期争论的问题。亚当·斯密在 1776 年出版的《国富论》中提出"看不见的手"。英国经济学家凯恩斯 1936 年出版代表作《就业、利息和货币通论》中强调政府这只"看得见的手"的作用。20 世纪 70 年代以来"政府失灵""市场失灵""第三条道路"等概念相继提出。由此可见,不同国家或者同一国家在不同历史发展阶段时其所选择的"政府——市场关系"

是不同的。中国长期处于社会主义初级阶段、处在同发达国家进行激烈经济竞争的国际经济体系中，在这样的时空背景下，政府在经济发展中所起的作用就更大更突出。"党是制度变革与制度均衡的决策者。政府是制度供给与制度创新的主导者。市场是通过有序竞争，规范引导人们本能的寻利行为走向社会福利最大化目标的操作者。……中国共产党与政府关系是互助、互补和互动的关系；中国共产党与市场关系是约束、激励和制衡的关系；政府与市场关系是规范市场的主体和从寻利行为到社会福利最大化的个体的关系。"①

首先，坚持公有制为主体多种所有制并存的基本经济制度，这既是社会主义市场经济的重要基础，又是中国特色社会主义政治制度支撑经济发展的重要内容。《中华人民共和国宪法》第六条明确规定："国家在社会主义初级阶段，坚持公有制为主体、多种所有制经济共同发展的基本经济制度，坚持按劳分配为主体、多种分配方式并存的分配制度。"《中国共产党章程》明确指出："必须坚持和完善公有制为主体、多种所有制经济共同发展的基本经济制度"。公有制为主体多种所有制并存的基本经济制度是由国家政治权力所界定和保护的基本产权制度，带有权威性、稳定性和长期性。公有制为主体多种所有制并存的基本经济制度既体现了社会主义的性质，同时又适应了社会主义初级阶段生产力发展水平；既保证了多元经济主体的竞争、为市场经济运行提供微观主体，同时又保证了国家经济安全、为深度参与国际经济竞争提供坚强保障。

其次，坚持积极有为的国家宏观调控政策、发挥好政府"看得见的手"的作用，这既是社会主义市场经济的关键问题，又是中国特色社会主义政治制度支撑经济发展的重要表现。世界各国的市场经济模式差异性很大，各国宏观调控力度、手段也不尽相同，中国特色社会主义市场经济的一个鲜明特点就在于宏观调控的手段多、力度大。第一，我国坚持公

---

① 咸台炅.中国政党政府与市场[M].北京：经济日报出版社，2002：148.

有制为主体多种所有制并存的基本经济制度,公有制经济特别是国有大中型企业在执行国家经济政策和重大决策部署的过程中实际上就是在进行国民经济的宏观调控,而且这种调控更为直接、更为有效。第二,国家适时制定经济社会发展中期长期规划、以及每隔五年制定国民经济和社会发展"五年规划",从而使得国家经济发展具有了极强的前瞻性主动性,能够做到提前规划、未雨绸缪、有备无患。土耳其中央银行北京经济参赞尤科赛尔·戈迈兹说,2008 年国际金融危机后各国学者发现,长期以来中国制定五年规划的作用被大大低估了,中国的五年规划受到越来越多国家的称赞。美国耶鲁大学高级研究员斯蒂芬·罗奇建议,美国可以学习中国采取更宏观的、长远的经济规划,如制定策略、进行五年规划等。第三,国家能够从经济社会发展的整体利益和长远利益着眼,相对自主和强有力地进行经济宏观调控,而不会受制于特定的阶级阶层,更不会被特定利益集团所"俘获",从而体现出宏观调控的自主性、整体性。社会主义市场经济宏观调控所具有的上述特征实际上是中国特色社会主义国家在经济发展中发挥作用的具体内容和实现方式。

最后,坚持国有企业党建工作和构建新型政商关系,这既是社会主义市场经济的政治保障,又是中国特色社会主义政治制度支撑经济发展的直接表现。坚持党的领导是中国特色社会主义最本质的特征,也是国有企业的独特优势。在国有企业建立党组织并在党的领导下推动国有企业改革和发展,是我国国有企业的特色和优势,对保证国有企业改革发展的社会主义方向、促进国有企业做大做强做优具有重要意义。1997 年中共中央颁发了《关于进一步加强和改进国有企业党的建设工作的通知》。2015 年中共中央办公厅印发了《关于在深化国有企业改革中坚持党的领导加强党的建设的若干意见》中明确指出:国有企业改革正处于攻坚期和深水区,党的领导只能加强、不能削弱;要坚持党的建设与国有企业改革同步谋划,充分发挥党组领导核心作用、党委政治核心作用。不断加强国有企业党建工作、不断完善党对国有企业的领导,是国有企业发展的重要政治保证。同时,通过发展新时期爱国统一战线团结和凝聚非公有制经济人士,为非公有制经济的健康发展提供政治保障。私营企业主等新社会阶层是中国特色社会主义事业的建设者,新社会阶层的优秀分子经组织考察达到入党条件的可以吸收加入中国共产党,这是对私营企业主政治身份的定位。2016 年 3 月 4 日下午,习近平总书记参加全国政协十二届四次会议的民建、工商联联组会时指出,领导干部要同私营企业主建立"亲"、"清"新型政商关系。所谓"亲"就是要坦荡真诚同民营企业接触交往,对非公有制经济人士多关注、多谈心、多引导;所谓"清",就是同民营企业家的关系要清白、纯洁,不能有贪心私心,不能以权谋私,不能搞权钱交易。新型政商关系将为非公有制经济健康发展提供重要政治保障。

第三节 中国特色社会主义政治制度是社会和谐的政治基础

一、现代化过程中保持社会稳定的"中国样本"

发展中国家的现代化过程是一个充满激烈的利益斗争、社会冲突和社会动荡的痛苦过程,社会和谐、社会稳定似乎是发展中国家在现代化发展过程中可望而不可及的"奢侈品"。美国著名政治学家塞缪尔·亨廷顿在 1968 年出版的《变化社会中的政治秩序》一书中指出:"现代性孕育着稳定,而现代化过程却滋生着动乱。"[1]发展中国家"政治秩序混乱的原因,不在于缺乏现代性,而在于为实现现代性所进行的努力。"[2]在塞缪尔·亨廷顿看来,发展中国家在现代化过程中伴随着经济的快速发展,社会阶级阶层结构急剧分化,以及政治参与爆炸,从而引起了社

[1] 塞缪尔·P·亨廷顿.变化社会中的政治秩序[M].王冠华,等,译.上海:上海人民出版社,2008:31.

[2] 塞缪尔·P·亨廷顿·变化社会中的政治秩序[M].王冠华,等,译.上海:上海人民出版社,2008:32.

会动荡和不稳定。1973 年,塞缪尔·亨廷顿在其出版的《难以抉择——发展中国家的政治参与》一书中继续重申上述观点,认为发展中国家在现代化发展过程中政治参与意识不断高涨,而超过了政治制度化承载力的政治参与导致社会动荡,发展中国家的政治参与是一个"难以抉择"的现代化难题。

20 世纪 50 年代以来,很多发展中国家在现代化发展的过程中陷入社会动荡和不稳定。塞缪尔·亨廷顿在《变化社会中的政治秩序》中曾写到:"据一项统计披露,仅 1958 年一年就发生了 28 起旷日持久的游击起义,4 次军队哗变和 2 次常规战争。而 7 年后的 1965 年,则有持久的起义 42 次,军事政变 10 次,常规战争 5 次。50 年代至 60 年代,政治动乱也显著增加。1955 年至 1962 年,发生暴乱和其他不安定事件的频率是 1948 年至 1954 年间的 5 倍。在后一阶段里,84 个国家中就有 64 个不如前一阶段稳定。在整个亚洲、非洲和拉丁美洲,到处可以看到政治秩序在下降,政府的权威性、有效性和合法性在遭到破坏。"①马克·罗森伯格在统计的基础上指出:1948 年—1982 年间,在危地马拉、萨尔瓦多、洪都拉斯和尼加拉瓜就出现过总共 47 个政府,超过 2/3 的政府并不是通过自由而公平的选举而产生——多数是通过军事政变上台的②。许多拉美国家随着 20 世纪 80 年代经济停滞"失去 10 年"、以及 90 年代奉行"华盛顿共识"再次"失去 10 年"之后,陷入通货膨胀、两极分化、社会动荡的现代化"泥潭","拉美陷阱"对"现代化过程滋生动乱"作了一个很好的"脚注"。2010 年底至 2011 年春,一场席卷突尼斯、也门、埃及、利比亚等国家的"阿拉伯之春"似乎再次上演了一场以"现代化过程

---

① 塞缪尔·P·亨廷顿. 变化社会中的政治秩序[M]. 王冠华,等,译. 上海:上海人民出版社,2008:3.

② Mark Rosenberg. "Political Obstacles to Democracy in Central America'', in James M. Malloy and Mitchell Seligson eds, Authoritarians and Democrats: Regime Transition in Latin America[M]. Pittsburgh: University of Pittsburgh Press, 1987:193-250.

滋生动乱"为主题的现代剧。

　　发展中国家在现代化发展过程中难道注定走不出社会动荡的"厄运"和"宿命"吗?马克思曾经在《路易·波拿巴的雾月十八日》中指出:"人们自己创造自己的历史,但是他们并不是随心所欲地创造,并不是在他们自己选定的条件下创造,而是在直接碰到的、既定的、从过去继承下来的条件下创造。"①马克思的这段话告诉我们:人们只能在已有的社会历史条件和现存的时空背景下去创造历史,而不能进行"选择";但是社会主体绝不是消极被动的,是可以"自己创造自己的历史"。也正因为如此,在基本相同或相似的社会历史条件下,不同的国家却走上了不同的发展道路。尹宝云在《现代化通病》一书中基于对众多国家的现代化历史的深入考察,认为农民阶级的不幸遭遇、贫困化与犯罪、贫富差距拉大、地区差别、失业、通货膨胀、腐败等一系列问题,都是现代化发展过程中难以避免的通病。关键问题不在于多种通病是否会发生,而在于现代化"通病"的程度轻重、影响范围大小以及持续时间长短。在如何减轻现代化"通病"的病症严重程度、减少影响范围和缩短持续时间上,政府则扮演着关键角色。在尹宝云看来,"现代化通病"不是不可以"治愈",关键在于政府的"医术";现代化过程中社会动荡不是不可以避免,关键在于政府的作为。

　　建国以来特别是改革开放以来,中国社会转型的速度、力度和深度在世界现代化发展史上是史无前例的。具体体现在以下几个方面:第一,伴随着经济的快速发展,人均国民收入增长迅速。据统计,1978年城镇居民人均可支配收入 343 元,2010 年城镇居民人均可支配收入为19109 元,2015 年城镇居民人均可支配收入为 31195 元;30 多年的时间里,城镇居民人均可支配收入增长了近 90 倍。第二,伴随着经济的快

---

　　① 中共中央马克思恩格斯列宁斯大林著作编译局.马克思恩格斯选集:第 1 卷[M].北京:人民出版社,1995:585.

速发展,产业结构发生了革命性变化。改革开放以来我国经济结构中第一产业大幅度下降,第二产业相对稳定,第三产业发展加快;已经从农业经济大国转变为工业经济大国,整体上步入工业化中期阶段。第三,伴随着产业结构的巨大变化,城市化呈现出加速发展的态势。历次人口普查数据显示,1953 年城市化率为 12.84%,1964 年城市化率为 17.58%,1982 年城市化率为 20.43%,1990 年城市化率为 25.84%,2000 年城市化率为 35.39%,2010 年城市化率为 49.68%;2015 年我国的城镇化率达到 56.1%。第四,社会阶级阶层结构呈现出多元、多变、多样的特点。传统的农民阶级和工人阶级出现剧烈分化,新的社会阶层不断涌现,人们的就业方式、利益实现方式和社会联结方式出现许多新的特征。第五,社会环境和体制机制的深刻转型。在 30 多年的时间里完成了从计划经济向社会主义市场经济、从封闭社会向全方位对外开放、从农业社会向工业社会和信息化社会的转变。

当代中国现代化发展不仅仅创造了经济持续快速发展的"奇迹",而且创造了社会长期和谐稳定的"奇迹",提供了现代化发展过程中社会和谐稳定的"中国样本"。西方发达国家在长达 200 多年的现代化发展过程中相继出现的社会问题,在当代中国现代化发展过程中却通过"时空压缩"后以集中、爆发的形式出现。既苦于现代化的不发达,又苦于现代化的发展;既要完成工业化城市化的任务,又要直面后工业化后现代化的挑战。但是中国在这场史无前例的快速、剧烈、宏大、复杂的现代化发展和社会变迁的过程中,却没有出现大的社会动荡,社会总体上保持了持续的、长期的和谐稳定。在快速发展的过程中,妥善地解决了几亿农民的城镇化、市民化问题,以及城市大规模发展过程中的"拆迁"问题和"贫民窟"问题。成功地走出了一条既不同于早期英国所采用的"羊吃人"的工业化城市化"老路",也不同于拉美国家以社会两极分化和社会动荡为发展代价的工业化城市化"邪路",而是适合中国国情的中国特色社会主义道路。

二、当代中国社会和谐稳定的政治制度"保证"

一般来说,现代化是一个经济市场化、政治民主化、社会阶层分化、文化世俗化的社会整体性变迁过程。这一过程表面上看似乎是一个自然而然的"水到渠成"的社会历史发展过程,但实际上则是一个充满冲突、痛苦和抉择的过程。在这个过程中,能不能实现比较平稳的社会转型和变迁,政府的作用至关重要。特别是对于后发现代化国家来说,在社会急剧转型和快速变迁的过程中,一个强有力的政党或政府对于维持社会的和谐稳定具有特别重要的意义。塞缪尔·亨廷顿指出:"在传统政治制度软弱或根本不存在的地方,稳定的先决条件至少得有一个高度制度化的政党。有了这样一个政党的国家,比没有这样一个政党的国家显然要稳定得多。"①中国在改革开放30多年的快速现代化发展过程中,社会保持了长时间的和谐稳定,关键就在于我们有一个强有力的党和政府。在党和政府的强有力的领导下,我们的现代化发展过程实际上是一个有领导、有组织、有规划、有调控的发展过程,能够妥善地将改革的力度、发展的速度和社会可承受程度很好地结合起来。在社会和谐、社会稳定的条件下推进社会转型和社会变迁,在社会转型和社会变迁的过程中推动社会发展,在社会发展的基础上实现持续的的社会和谐、社会稳定。这正是中国现代化发展过程中保持社会持续稳定的"内在逻辑",这也正是中国特色社会主义政治制度保证社会和谐稳定的具体内容。

首先,凸显民生政治,不断改善民生。民生是指民众的基本生存和生活状态,以及民众的基本发展机会、基本发展能力和基本权益保护状况。民生最主要表现在吃穿住行、养老就医、子女教育等问题上面。教育问题、住房问题、医疗问题、就业问题、社保问题被称之为五大民生问

---

① 塞缪尔·P·亨廷顿.变化社会中的政治秩序[M].王冠华,等,译.上海:上海人民出版社,2008:70.

题。民生问题是人民群众最关心、最直接、最现实的利益问题。得民心者得天下,改善民生才能得民心。改革开放以来我国的民生建设取得了重大进展。具体表现在:第一,人们生活水平显著提高。城乡居民恩格尔系数从改革开放初期的 50％、60％以上降到 2013 年的 35％、37.9％;人们在解决温饱、总体小康的基础上,开始追求生活质量和生活享受。第二,反贫困取得巨大成就。2007 年纪念十一届三中全会召开 30 周年大会上,胡锦涛在讲话中指出:农村贫困人口从 2.5 亿减少到 1400 万。第三,教育实现跨越式发展。2006 年之后义务教育不再收取学费,九年义务教育实现 100％的普及;高考录取率大幅度提高,高等教育实现了大众化。第四,覆盖城乡的社会保障体系正在形成。城镇居民基本医疗保险、失业保险、养老保险初步形成;农村新型合作医疗、农村养老保险加快推进。民生建设取得的重大成就是中国社会持续和谐稳定的"压舱石"。因此,评判一个国家的政治制度究竟好不好、到底有没有制度优势,不是武断地甚至蛮横地拿着"私人订制"的尺子去"度量"这种制度的"民主含量有几分",而是要看这种制度在解决本国人民群众迫切需要解决的民生问题上"作用和效果究竟有几何"。正如武汉大学孙来斌教授在《人民日报》发表的《中国制度永葆活力之道》一文中所说:"对于发展中国家而言,民主与民生构成一对特殊的重要矛盾。离开民生的民主说教,人民不感兴趣。'某国虽然很穷,但民主很发达。'这种西方民主价值理念的逻辑荒诞性不言自明。"①

其次,彰显政治正义,切实维护社会公平。政治制度只有彰显政治正义、切实维护社会公平,才能站在道德的制高点上并获得民众的广泛认同和支持。正义是政治哲学的永恒主题。但究竟什么是正义?正义的评价标准又是什么?千百年来人们一直争论不休。当代著名政治哲学大师约翰·罗尔斯指出:"正义是社会制度的首要价值,正像真理是

---

① 孙来斌.中国制度永葆活力之道[N].人民日报,2016-01-15.

思想体系的首要价值一样。"①"正义的主要问题是社会的基本结构,或更准确地说,是社会主要制度分配基本权利和义务,决定由社会合作产生的利益之划分的方式。"②在约翰·罗尔斯看来,正义和社会制度紧密相连,正义是对基本制度在主要权利和义务分配上的合法性的一种评价。马克思基于唯物史观,从社会生产方式的历史演变审视正义问题,实现了正义理论的历史性飞跃。马克思指出:"生产当事人之间进行的交易的正义性在于:这些交易是从生产关系中作为自然结果产生出来的。这种经济交易作为当事人的意志行为,作为他们共同的意志的表示,作为可以由国家强加给立约双方的契约,表现在法律形式上,这些法律形式作为单纯的形式,是不能决定这个内容本身的。这些形式只是表示这个内容。这个内容,只要与生产方式相适应,相一致,就是正义的;只要与生产方式相矛盾,就是非正义的。"③当代中国从社会主义初级阶段的实际出发,既反对平均主义"大锅饭",又反对社会两极分化;既实行普惠的公共福利政策和"兜底"的社会保障政策,同时又反对大众民粹主义对党和政府提出不切实际的福利诉求;既坚持共同富裕和共享发展的原则,同时又坚持多劳多得、少劳少得的分配原则。通过上述政策,让社会的各个阶级阶层和每个个人都能在发展中获益,福利"增量"持续增长,人们的"获得感"在纵向比较中大幅度上升;同时让社会的各个阶级阶层和每个个人都能实现"各得其所",在横向比较中没有强烈的"相对剥夺感"。这就是当代中国社会公平正义的最实际最现实的内容,而这一公平正义的实现是同党和政府的强有力领导、以及中国特色社会主义政治制度的支撑分不开的。习近平总书记强调:"不论

---

① 约翰·罗尔斯.正义论[M].何怀宏,等,译.北京:中国社会科学出版社,1988:3.

② 约翰·罗尔斯.正义论[M].何怀宏,等,译.北京:中国社会科学出版社,1988:7.

③ 中共中央马克思恩格斯列宁斯大林著作编译局.马克思恩格斯全集:第 25 卷[M].北京:人民出版社,1974:379.

处在什么发展水平上,制度都是社会公平正义的重要保证。"①

最后,发挥政治优势,创新社会治理体制。社会管理顾名思义就是对社会的管理。改革开放前实行计划经济和党政不分、政企不分的体制,也就不存在相对独立于政府的"社会",也就不存在狭义上的"社会管理"。而改革开放以来随着社会主义市场经济的深入发展,以及"人民公社"的终结和"单位制"的不断消解,一个相对独立的社会以及随之产生的社会管理问题逐渐凸显出来。由于各个国家的市场经济模式,以及政府、社会、市场的关系和结构的不同,因此在社会管理的具体内容、体制机制、方式方法上也就各不相同。党的十八大报告强调:"要围绕构建中国特色社会主义社会管理体系,加快形成党委领导、政府负责、社会协同、公众参与、法治保障的社会管理体制"。党的十八届三中全会通过的《中共中央关于全面深化改革若干重大问题的决定》强调:"坚持系统治理,加强党委领导,发挥政府主导作用,鼓励和支持社会各方面参与,实现政府治理和社会自我调节、居民自治良性互动。坚持依法治理,加强法治保障,运用法治思维和法治方式化解社会矛盾。"中国特色社会主义社会治理体制的鲜明特色在于:充分发挥党委纵览全局、协调各方的政治优势,确保社会治理的性质和方向;政府履行好社会管理职能,发挥好政府在社会治理中具有的权威、高效的优势;调动并发挥好社会组织、民间组织和民众参与社会治理活动,形成社会治理整体"合力";按照全面依法治国的基本要求,将社会管理不断推向规范化、制度化和法治化;通过多元治理主体的协同配合和治理方式的法治化来不断提高社会治理的科学化水平和实际效果。这样的社会治理体制具有鲜明的中国特色,正是依靠这样的社会治理体制,才能不断化解社会矛盾,维护社会和谐稳定。中国特色社会主义社会治理体制是中国

---

① 中共中央文献研究室.习近平关于全面深化改革论述摘编[M].北京:中央文献出版社,2014:98.

特色社会主义政治制度在社会治理领域的制度延伸和功能拓展,与其说中国特色社会主义社会治理体制具有制度优势,还不如说中国特色社会主义政治制度在社会管理上具有制度优势。

第四节 中国特色社会主义政治制度是政治稳定的制度保证

一、中国特色社会主义政治制度是政局稳定和政策稳定的保证

中国特色社会主义政治制度的"制度优势"和"制度绩效"不仅仅体现在支撑经济发展、保障社会和谐稳定方面,而最直接、最重要的则体现在政治建设领域。建国 60 多年来特别是改革开放 30 多年来,中国在经济快速发展、社会急剧变革转型、政治体制改革不断深化的背景下,中国长时间地保持了政治稳定和政治可持续发展,从而为当代中国的一切发展和进步提供了根本政治保障。在现代化加速发展的中国,稳定压倒一切,没有稳定什么都无从谈起,而政治稳定则是重中之重。政治稳定是国家和人民的最高利益之所在、是评价政治制度优劣的首要标准,而中国特色社会主义政治制度则是政治稳定的根本保证。2000 年 12 月 4 日,江泽民在第十九次全国统战工作会议上讲话指出:"衡量中国的政治制度和政党制度,最根本的是要从中国的国情出发,从中国革命、建设和改革实践的效果着眼,一是看能否促进社会生产力的持续发展和社会全面进步;二是看能否实现和发展人民民主,增强党和国家的活力,保持和发挥社会主义制度的特点和优势;三是看能否保持国家政局的稳定和社会的安定团结;四是看能否实现和维护最广大人民的根本利益。"[①]

安定团结的政治局面是社会主义现代化建设的重要前提,中国特色社会主义政治制度是安定团结政治局面的根本保证。1957 年毛泽

---

① 中共中央文献研究室.江泽民文选:第 3 卷[M].北京:人民出版社,2006:144.

东强调指出要造成一个又有集中又有民主,又有纪律又有自由,又有统一意志、又有个人心情舒畅、生动活泼,那样一种政治局面。由于各方面原因特别是政治体制不健全不完善的原因,生动活泼和安定团结的政治局面没能建立起来,阶级斗争、群众运动、大鸣大放此起彼伏。改革开放后,邓小平在总结社会主义建设经验教训时指出:"没有一个安定团结的政治局面,就不能安下心来搞建设。过去二十多年的经验证明了这一点。"①"一个目标,就是要有一个安定团结的政治环境。不安定,政治动乱,就不可能从事社会主义建设,一切都谈不上。治理国家,这是一个大道理,要管许多小道理。那些小道理或许有道理,但是没有这个大道理就不行。"②正是基于这样的政治判断,在整个改革开放的过程中,邓小平都非常重视政治稳定并高屋建瓴地推进安定团结政治局面建设。例如,改革开放一开始,就旗帜鲜明地提出"坚持四项基本原则";在资产阶级自由化思潮泛滥和学潮涌动时,及时的提出"反对精神污染"和"稳定压倒一切"。当然,要维护长期的安定团结的政治局面还是要靠政治制度,因为制度带有根本性、稳定性和长期性。改革开放后,随着新宪法的颁布实施、人民代表大会制度和中国共产领导的多党合作和政治协商制度等基本政治制度的不断完善,以及民主集中制、集体领导体制、干部人事制度等政治体制的不断健全,一个安定团结的政治局面逐步形成。这是中国特色社会主义政治制度逐步成熟的成果和产物,同时也是中国特色社会主义政治制度趋于成熟和完善的重要标志。

政策稳定是政治稳定的重要内容,中国特色社会主义政治制度是当代中国政策稳定的重要政治保证。政策稳定是指党和国家的政策在具体运行过程中所表现出来的一贯性、持续性和协调性状态,政策稳定

---

① 中共中央文献研究室.邓小平文选:第2卷[M].北京:人民出版社,1994:251.
② 中共中央文献研究室.邓小平文选:第3卷[M].北京:人民出版社,1993:124.

是政治稳定的外在表现和重要内容、也是经济社会稳定和持续发展的必然要求。改革开放前由于种种原因,我们的政策大起大落的现象比较突出,给社会主义建设带来很大的挫折。因此,保持政策稳定和政策的可持续成为社会主义现代化建设快速发展的重要条件。邓小平在论及中国现代化发展的基本条件时强调指出:"一个是政局稳定,一个是政策稳定,这两个稳定。"①一方面,及时地将改革开放以来的重要政策上升为党的基本路线和基本纲领的组成内容,通过增强政策的权威性、严肃性来实现政策稳定。1987 年党的十三大明确提出了以"一个中心、两个基本点"为核心的初级阶段基本路线;1997 年党的十五大明确提出了党在社会主义初级阶段的基本纲领。另一方面,及时消除人们对政策能否稳定的种种疑虑和担心,增强人们对政策稳定的信心。例如,在反对资产阶级自由化、治理整顿经济时社会上就有一些人担心改革开放的政策会不会变。邓小平旗帜鲜明地强调:"现在有人议论,中国的改革、开放政策在收。……有些人看到我们在某些方面有些紧缩,就认为政策变了,这种看法是不妥当的。"②"改革开放政策不变,几十年不变,一直要讲到底。国际国内都很关心这个问题。要继续贯彻执行十一届三中全会以来的路线、方针、政策,连语言都不变。"③始终坚持改革开放的基本国策和十一届三中全会以来党的路线方针政策,才使得中国现代化发展和中华民族伟大复兴走上了"快车道",正确、有效、稳定、持续的政策功不可没。

二、中国特色社会主义政治制度是国家统一和民族团结的保证

国家统一、民族团结是一个国家兴旺发达的重要标志,也是一个国家发展崛起的重要基础。当近代中国积贫积弱的时候,国家领土的完

---

① 中共中央文献研究室.邓小平文选:第 3 卷[M].北京:人民出版社,1993:217.
② 中共中央文献研究室.邓小平文选:第 3 卷[M].北京:人民出版社,1993:219.
③ 中共中央文献研究室.邓小平文选:第 3 卷[M].北京:人民出版社,1993:296.

整性、主权的独立性均受到严重伤害,民族凝聚力松散,社会一盘散沙。新中国建立 60 多年特别是改革开放 30 多年来,随着中国经济社会的快速发展、以及社会主义政治文明建设的不断推进,一个国家统一、民族团结、社会稳定、国泰民安的强盛中国已经清晰地出现在世人面前。国家统一、民族团结是中国特色社会主义政治制度所具有的"制度优势"和"制度绩效"的重要体现,中国特色社会主义政治制度是国家统一和民族团结的重要保证。

国家统一是中华民族的根本利益,是中华民族的优秀历史传统,也是人民群众安居乐业的重要基础。孔子曾经提出"大一统",孟子曾经提出"定于一",民主革命先行者孙中山先生则认为"统一成而后一切兴革乃有可言"。经过长期的、艰苦卓绝的新民主主义革命斗争,中国共产党领导中国人民终于推翻了帝国主义、封建主义和官僚资本主义"三座大山",建立了中华人民共和国,一个独立自主、团结统一的新中国屹立在世界的东方。人民人民主专政制度、人民代表大会制度、中国共产党领导的多党合作和政治协商制度等基本政治制度明确规定了中华人民共和国的国家性质、国家形式和政党制度,为保障和实现国家统一、国家权力集中提供了根本上的制度保证,从而有效避免了国家权威消解以及国家整合能力不足而出现的国家分崩离析、一般散沙的可能。"中国一向被称为一盘散沙,但是自从我们党成为执政党,成为全国团结的核心力量,四分五裂、各霸一方的局面就结束了。"[1]在此基础上,着力解决历史上遗留下来的领土问题,争取实现国家的完全统一。邓小平曾经说:"实现国家统一是民族的愿望,一百年不统一,一千年也要统一的。"[2]为妥善解决香港、澳门、台湾问题,实现祖国的完全统一,中国共产党创造性地提出了"一个国家、两种制度"的解决模式,"一个

---

① 中共中央文献研究室.邓小平文选:第 2 卷[M].北京:人民出版社,1994:267.
② 中共中央文献研究室.邓小平文选:第 3 卷[M].北京:人民出版社,1993:59.

国家"即中华人民共和国,"两种制度"即十三亿人口的中国大陆实行社会主义制度,回归祖国后香港、澳门、台湾仍然实行资本主义制度,两种制度长期并存。采用"一国两制"科学构想和制度设计,1997年香港顺利回归,1999年中华人民共和国对澳门恢复行使主权,回归之后的香港和澳门继续保持了经济繁荣和社会稳定,以事实证明了"一国两制"构想的科学性和可行性。在发展两岸关系、解决台湾问题上,"一国两制"仍然是我们党的基本方针。一个持续繁荣发展、国泰民安、政治稳定、民族复兴的中国是最终解决台湾问题的重要基础。习近平总书记强调指出:"我们应该登高望远,看到时代发展、民族振兴大趋势,看到两岸关系和平发展已经成为中华民族伟大复兴的重要组成部分,摆脱不合时宜的旧观念束缚,明确振兴中华的共同奋斗目标。"①

民族团结是多民族国家政治稳定、国家统一的重要基础,新中国建立60多年来特别是改革开放30多年来,各少数民族地区经济、社会快速发展,在实现中华民族伟大复兴的进程中各个民族空前的团结和凝聚。国务院新闻办公室2015年9月24日发布的《新疆各民族平等团结发展的历史见证》白皮书数据显示:"1955年,新疆地区生产总值12亿元,1978年为39亿元,到2014年达到9273.46亿元,扣除价格因素,比1955年增长115.6倍,年均增长8.3%,比同期全国增速快0.2个百分点。2010~2014年,新疆地区生产总值年均增速11.1%,高于全国同期增速2.5个百分点,增速在全国的位次由2009年的第30位跃升至2014年的第4位,创历史最好水平。""2014年,城镇居民人均可支配收入21881元,是1980年的51.2倍,年均增长12.3%,比2009年增加9624元;农村居民人均纯收入8114元,是1980年的40.4倍,年均增长11.5%,比2009年增加4231元。城镇和农村居民恩格尔系数持续下降,

① 习近平.习近平谈治国理政[M].北京:外文出版社,2014:234.

分别从 2009 年的 36.3%、41.5% 下降到 2014 年的 31.3%、34.5%。"①新疆维吾尔自治区的发展成就充分说明:民族区域自治制度在推动少数民族地区发展、切实保障少数民族权益、增进民族团结和凝聚上具有突出的"制度优势"。

---

① 中华人民共和国国务院新闻办公室.新疆各民族平等团结发展的历史见证[N].人民日报,2015-09-25.

第四章　自信的理论逻辑:中国特色社会主义政治制度的民主特色

主权在民、人民当家作主始终是人类政治生活不懈追求的价值目标和政治理想,也是指引政治文明发展道路的一盏明灯。从现实角度来说,民主已经成为当今时代政治合法性的重要基础。正如当代英国政治思想家戴维·赫尔德所说:"民主似乎使现代政治生活变得合法化了:因为一旦宣称它是'民主'的,那么,法规的制定和法律的实施似乎就是合理和当然的。"①但是世界上从来就没有也不可能有超阶级、超时空的"一般民主",而只能是经济上、政治上占统治地位的特定阶级所享有的"具体民主"。社会主义制度的建立实现了政治民主发展史上的历史性飞跃,占人口绝大多数的劳动人民真正享有权力并当家作主,民主是社会主义的题中应有之义。列宁曾经在论及社会主义与民主的内在关系时指出:"无产阶级如果不通过争取民主的斗争为社会主义革命做好准备,它就不能实现这个革命",在无产阶级革命成功后,"胜利了的社会主义如果不实行充分的民主,就不能保持它所取得的胜利,并且引导人类走向国家的消亡。"②邓小平也强调:"没有民主就没有社会主义,就没有社会主义的现代化。"③当然,任何民主都是民主内容和民主形式

---

① 戴维·赫尔德.民主的模式[M].燕继荣,等,译. 北京:中央编译出版社,1998:1.

① 戴维·赫尔德.民主的模式[M].燕继荣,等,译. 北京:中央编译出版社,1998:1.
② 中共中央马克思恩格斯列宁斯大林著作编译局.列宁全集:第 28 卷[M].北京:人民出版社,1990:168.
③ 中共中央文献研究室.邓小平文选:第 2 卷[M].北京:人民出版社,1994:168.

的有机统一，都需要借助于一定的政治制度和政治运行机制来展现其"民主模式"。中国特色社会主义政治制度是人民当家作主的根本保证，也是中国特色社会主义民主具体运行的制度支撑。对中国特色社会主义政治制度所体现的民主价值、民主特色、民主优势的深刻认识和科学把握，是中国特色社会主义政治制度自信的重要理论基石。

第一节　中国特色社会主义民主的本质是人民当家作主

一、西方民主理论"面面观"及其批判

民主就其字面意思来说是非常清晰明了和确定无疑的，民主就是人民享有权力、人民在政治生活中当家作主。但对于民主的具体内涵即"民主究竟是什么"的问题则长期以来争论不休。正如当代美国政治学家罗伯特·达尔所说："在 2500 年漫长的岁月里，民主一直被探讨、争辩、支持、抨击、忽视、创建、实践、毁灭，然后有时又会被重新建立，看来，在民主某些最基本的问题上，从来都没有达成一致。具有讽刺意味的是：民主漫长的经历导致了民主问题本身的混乱与意见的分歧，不同时空的人对民主有不同的理解，这是一个确切的事实。"①因此，在具体分析和研究中国特色社会主义民主、以及中国特色社会主义政治制度所体现的民主价值、民主特色和民主优势之前，很有必要对西方形形色色、流派众多的民主理论进行一番梳理和评析。因为唯有如此，才能在一个科学的而不是"扭曲的"、平等的而不是"霸道的"民主参照系和民主话语体系中讨论问题。

古希腊雅典所开创的直接民主是民主的古老源头，也是古希腊留给后世的重要政治遗产。古希腊公民大会起源于公元前 11 至公元前 9 世纪，当时称之为人民大会。由王或议事会召集，全体成年公民参加人

---

① 罗伯特·A·达尔.论民主[M].李风华，译.北京：中国人民大学出版社，2012：2.

民大会,讨论、决定部落各项重大问题。通常用举手或喊声表决。城邦建立后,希腊大多数城邦都设立了此类大会,其中雅典最具代表性。在雅典人民大会被称为公民大会,20 岁以上男性公民均可参加,通过公民大会讨论、解决国家重大问题,例如战争与媾和、城邦粮食供应、选举高级官吏、终审法庭诉讼等,通常用举手表决的形式形成公民大会的决定。公民大会有最终决定权,执政官由公民大会选举产生。正如修昔底德的《波罗奔尼撒战争史》记载,伯里克利曾经演讲说:"我们的制度之所以被称为民主制度,是因为权力不是掌握在少数人的手中,而是掌握在全体人民的手中。在解决个人争端的问题时,法律面前人人平等;当优先推荐某人去担任公共职务的时候,推举他的原因不是由于他是特定阶级的成员,而是由于他所具有的真实才能。只要具有为国家服务的能力,没有人会由于贫困而在政治上一文不名。"[①]随着古希腊的衰落,希腊雅典的直接民主实践也逐渐淡出历史舞台,但却留下了直接民主这一宝贵政治遗产。雅典作为希腊诸城邦民主政体的典范,成为人类民主的发祥地和人类民主思想的摇篮,对世界各国影响深远,以至于人们在研究民主思想史和演进史时都"言必称希腊"。

古罗马共和国给后世留下了共和制政治遗产。公元前 510 年罗马人结束了罗马王政时代,建立了罗马共和国。公元前 27 年,罗马元老院授予屋大维"奥古斯都"的尊号,屋大维则成为了事实上的皇帝,罗马共和国宣告结束并被罗马帝国和王政所替代。在长达几百年的罗马共和国时代,共和国最高行政权力由两个权力相等的执政官掌握,执政官由百人队会议从贵族中选出,任期为一年,执政官负责指挥军队、召集贵族元老院会议。尽管贵族元老院会议拥有实权,罗马共和国本质上属于贵族寡头政治,但是掌握形式上最高权力的执政官则是经由选举而产生的、并且具有明确的任期限制,从而开创了共和制政体形式。罗

---

① 戴维·赫尔德.民主的模式[M].燕继荣,等,译.北京:中央编译出版社,1998:16.

马共和国给后世留下的最大政治遗产就是共和国制,即国家最高权力应当掌握在由选举产生、并有一定任期的国家机关或公职人员手中,当今世界绝大多数民主国家都采用了共和制政体形式。

古希腊和古罗马时期开创的直接民主、共和制政体在后来的中世纪时期被历史的尘埃所湮没。但是随着近代以来资本主义生产方式的发展以及启蒙运动的推进,民主被新兴资产阶级当作重要的思想武器而被"唤醒",民主成为资产阶级思想家反对封建专制的一面旗帜。18世纪法国启蒙思想家让·雅克·卢梭在《社会契约论》中旗帜鲜明地提出"天赋人权"和主权在民的思想,认为"自由"和"平等"是人的天赋权利,任何人都不能剥夺,但是只有人民直接拥有国家主权和立法主权的民主共和制度才能真正保障人民的自由与平等权利。卢梭指出:"主权既然不外是公意的运用,所以就永远不能转让;并且主权者既然只不过是一个集体的生命,所以就只能由他自己来代表自己;权力可以转移,但是意志却不可以转移。"①19世纪法国政治思想家阿历克西·托克维尔在《论美国的民主》中深入分析了美国的民主制度,认为大众民主和民主化是政治发展不可阻挡的世界性潮流。托克维尔认为:"在美国,立法者和执法者均由人民指定,并由人民本身组成惩治违法者的陪审团。各项制度,不仅在其原则上,而且在其作用的发挥上,都是民主的。因此,人民直接指定他们的代表,而且一般每年改选一次,以使代表们完全受制于人民。"②但是,卢梭和托克维尔都将民主等同于直接民主,所以他们一方面高扬民主旗帜、为民主摇旗呐喊,但是另一方面又对民主的具体实施和未来发展表现出深深的"担心"。在卢梭看来,民主固然美好,但是只能在地域非常有限的"小国寡民"内实施,而在大规模国家民主便是"可望而不可及"。在托克维尔看来,大规模民主的推进不

---

① 卢梭.社会契约论[M].何兆武,译.北京:商务印书馆,2003:31.
② 托克维尔.论美国的民主(上卷)[M].董果良,译.北京:商务印书馆,2002:194.

仅会导致社会平庸，而且还可能出现"多数人暴政"。如何解决民主化浪潮对"直接民主"的挑战？这不仅涉及到民主理论的发展，而且涉及到民主制度的创新。19 世纪英国政治思想家约翰·斯图亚特·密尔在《代议制政府》中系统论述了代议制民主，指出"最好的政府形式是代议制政府"。以《代议制政府》为标志，西方民主理论的主流话语开始从"直接民主"转向"间接民主"，这时人们谈论民主时尽管在理念上仍然坚持"主权在民""人民主权"原则，但是在形式上则将民主直接等同于"间接民主"。

十七十八世纪，英国、美国和法国先后爆发了资产阶级革命，取得政权的资产阶级随之将近现代以来的民主理念、民主理想付诸于资产阶级国家政权建设和政治制度的设计上。英国在资产阶级革命之后建立起了君主立宪制，尽管保留了君主制的政治外壳，但议会已经成为政治权力中心；美国在独立战争后脱离宗主国英国，建立起了总统制；法国经过长期的曲折的反复斗争，最终彻底废除了君主制，建立起共和制政体。资产阶级随即在 19 世纪通过发展工业革命和政治制度改革，在经济上政治上站稳了脚跟。无论是实行君主立宪制的英国、还是实行共和制政体的美国和法国，国家权力均掌控在经由选民定期选举而产生并接受选民监督的议会或总统手里，政党成为动员选民投票选举、组阁执政不可或缺的政治力量。这样的政治架构和政治制度设计在形式上体现主权在民的政治原则。因此，代议制度、普选制度、政党制度成为当代资本主义民主政治的三根支柱。由于英、法、美等国家的资产阶级革命爆发的时间最早，不经意间竟然成为了现代民主政治的"探索者"和"先驱者"，这种先跑一步的"领先优势"以及资本主义国家在殖民扩张过程中所展现出来的"先进形象"，从而形成了西方民主话语霸权，英、法、美等资本主义国家的政治制度也就被默认为是"民主样板"。

20 世纪以来西方民主理论出现了新的发展和理论的深化。1942年美国政治经济学家约瑟夫·熊彼特在《资本主义、社会主义与民主》

中提出了程序民主理论,认为单纯从政治权力的来源和目的来判断民主容易出现民主判断标准的"模糊"和不确定性,而民主的政治制度尽管为选出那些执行自己意志的代表提供了保障,但是这仅仅是民主的必要条件,还应当更加关注和重视"民主程序"。在熊彼特看来,18世纪以来人们对民主的定义是:"民主方法就是为实现共同福利作出政治决定的制度安排,其方式是使人民通过选举选出一些人,让他们集合在一起来执行它的意志,决定重大问题。"①熊彼特所说的程序民主是:"民主方法就是那种为作出政治决定而实行的制度安排,在这种安排中,某些人通过争取人民选票取得作决定的权力。"②"民主政治的原则因此仅仅意味着,政府的执政权应交给那些比任何竞选的个人或集团获得更多支持的人。"③

在"程序民主理论"的基础上,当代美国著名政治学家塞缪尔·亨廷顿则明确主张"选举民主"并成为"选举民主理论"的重要代表性人物。亨廷顿在《第三波:20世纪后期的民主化浪潮》中认为民主体制的涵义和标准是:"它的最有影响力的集体决策者是经由公平、诚实和定期的选举产生,在这些选举中,候选人自由地竞争选票,并且几乎所有成年人都具备投票资格。"④按照选举民主的理论逻辑,衡量和判断一个国家的民主状况、民主程度关键看是否搞竞争性普选。

当代美国著名政治学家罗伯特·达尔在"选举民主理论"的基础上进一步提出了"多元民主理论",认为选举固然是现代民主不可或缺的

① 约瑟夫·熊彼特.资本主义、社会主义与民主[M].吴良健,译.北京:商务印书馆,2000:370.

② 约瑟夫·熊彼特.资本主义、社会主义与民主[M].吴良健,译.北京:商务印书馆,2000:395-396.

③ 约瑟夫·熊彼特.资本主义、社会主义与民主[M].吴良健,译.北京:商务印书馆,2000:400.

④ 塞缪尔·P·亨廷顿.第三波:20世纪后期的民主化浪潮[M].欧阳景根,译.北京:中国人民大学出版社,2012:4.

非常重要的内容和组成部分，但是选举不是民主的全部内容。达尔认为现代民主政治必须要通过一系列政治制度来保证其运行，具体包括六个方面的制度："选举产生的官员"；"自由、公平、定期的选举"；"表达自由"；"多种信息来源"；"社团自治"；"包容性的公民权"。达尔认为："现代代议制民主政府把六种标准合而为一，它是独一无二的。为方便起见，我们要给这种民主一个独立的名称。人们常把这种现代大型民主政府模式叫作'多元民主'。"①"多元民主与19世纪时那些严格限制选举权的代议制民主是截然不同的，它也不同于以前那些不仅严格限制选举权而且缺乏多元民主其他关键特征的民主国家与共和国，这些关键特征包括政治党派、拥有成立政治组织并影响和反对现任政府的权利、组织利益群体等等。"②

在2500多年漫长历史长河中，西方民主理论的探索和发展川流不息，形成了纷繁芜杂、光怪陆离的民主理论谱系，为增加民主理论知识、拓宽民主问题研究视角做出了积极贡献。但是，任何思想和理论体系都是现实实践的反映，都是人们认识和把握现实世界的一种方式，西方民主理论也不例外，西方民主理论实际上是西方国家民主实践和民主经验的理论抽象，以及立足于西方国家特定的民主实践基础上对未来可能的某种民主理想的追求和向往。在这个意义上，任何民主理论都不是"普世"的，西方民主理论仅仅是民主理论的"一家之言"，而其标榜的"民主样板""民主的标准模式"的谎言终将露出原形。更重要的是，西方民主理论自身存在着"理论上的缺陷"，这恰恰是其"致命的自负"的根源。

第一，在方法论上，西方民主理论"割裂"了民主内容和民主形式。民主就其字面意思来看就是人民当家作主，英文中的民主"Democracy"

---

① 罗伯特·A·达尔.论民主[M].李风华,译.北京:中国人民大学出版社,2012:76.
② 罗伯特·A·达尔.论民主[M].李风华,译.北京:中国人民大学出版社,2012:77.

实际上是一个合成词,是由 Demos 即"人民"和 Kratos 即"权力"、"统治"、"治理"两个词根合成的。因此,民主的基本含义就是"人民的统治""由人民来统治"。这里面就面临两个问题:其一,谁是人民即由谁来统治? 英文可翻译为"Who rule"。其二,如何统治即采用什么样的方式来实现统治权力? 英文可翻译为"How to rule"。这两个问题构成了民主的内容和民主的形式。任何一种民主理论只有正面回答了上述这两个问题,才能算是内容上相对"完整"的民主理论。但是西方民主理论,无论是远古时代的"直接民主",还是近现代以来的"代议制民主",都有意无意地割裂了民主内容和民主形式,只是专注于大谈特谈"民主的形式",从来或者很少去触及"民主的内容"。例如,人们所津津乐道、心驰神往的古希腊雅典的"直接民主",就其形式而言似乎是民主的"最高境界",但是充其量也不过是少数奴隶主贵族的"漂亮的民主游戏",而绝大多数社会底层的平民和奴隶则没有参加城邦公民大会的"权力"和"民主"。亨廷顿在分析古希腊直接民主时指出:"希腊人和罗马人的民主,把妇女、奴隶,通常还有其他类型的人,比如外来居民,都排除在政治生活之外。"[①]"代议制民主"的要害不在于代表制本身,而在于谁有资格当选代表、代表又是具体代表哪些人的利益,这才是"代议制民主"的具体内容。

第二,在政治立场上,西方民主理论"掩盖"少数人民主的事实。西方民主理论为什么总是割裂民主内容与民主形式、一往情深的专注于"民主形式"、而对"民主内容"却很少造访,这难道仅仅是方法论上的问题吗? 其实,立场和目的往往决定方法选择,西方民主理论方法论上缺陷的背后是其民主理论所坚守的价值立场。西方民主理论之所以不愿或者不敢直面民主内容、不愿或者不敢去探究"谁是人民"和"由谁来统

---

① 塞缪尔·P·亨廷顿.第三波:20 世纪后期的民主化浪潮[M].欧阳景根,译.北京:中国人民大学出版社,2012:9.

治"这一根本性问题，是因为西方民主在漫长的历史长河中始终摆脱不了"少数人的民主"的窠臼，他们不愿也不敢去暴露西方民主这一不是秘密的"秘密"，总是想方设法的给这种"少数人的民主"涂上一层层绚丽的"民主"外衣。萨托利指出："在古希腊的民主制度中，'民'不但排除了妇女，而且排除了生来没有自由的奴隶（单单他们就已构成了城邦居民的多数）。"[①]现代西方国家选举民主表面上看公平公正，但是拥有强大经济实力的财团和大佬们，通过影响媒体和舆论，从而左右选举以及重大法案的出台，这已经成为少数富人再正常不过的政治生活方式，而且符合"民主政治程序"；而绝大多数普通者则仅仅成为统计学意义上的"选民"而已。

第三，在对外关系上，西方民主理论不自觉地充当和扮演了发达国家推行霸权的"帮凶"。要不要发展民主？怎么去推进民主政治发展？本来是各个国家自己的事情。美好的东西人人向往之、追求之，这是人之常情；民主是人世间最美好最理想的政治生活方式，各个国家向往民主、追求民主也应该是人之常情，这还需要某些国家对其他国家要不要发展民主、如何去推动民主进行一番"规劝"和"指导"吗？但是，他们就是那么"热心"和"任性"！莫非这种"善意"的背后还隐藏着某些更为隐秘的内容。常言说的好，"无利不起早"，"醉翁之意不在酒"，某些西方国家把自己装扮成民主"权威"，对其他国家的民主状况动辄"评估"、"测度"、评头论足，然后竭尽其所能向发展中国家"兜售"和"输出"他们的民主理论、民主模式，这实质上就是一种霸权主义，试图借助于民主问题来干涉别国的内政和发展模式。这在一定程度上玷污和损坏了民主本来所具有的价值原则和光辉形象。因此，对于西方国家所"兜售"和"输出"的民主理论、民主模式，究竟是"亲姥姥"还是"狼外婆"，恐怕

---

① 乔万尼·萨托利.民主新论[M].冯克利，阎克文，译.上海：上海人民出版社，2008：35.

还需要进行一番认真、严肃的甄别。

二、马克思主义民主理论及其指导意义

前面对西方民主理论进行了简要的梳理和评析,这为我们走出对西方民主理论的"崇拜"和"迷雾"、相对自主的开展中国特色社会主义民主研究提供了有利条件。尽管人们常说"不破不立","破字当头、立在其中",但是"破"仅仅是"立"的必要前提而绝非充分条件,因此当我们走出西方民主理论话语体系的"陷阱"和"泥沼"之后,我们又该在何种民主理论话语体系中去研究中国特色社会主义民主呢?或者说我们又该用什么样的民主理论和方法来考察中国特色社会主义民主呢?这是需要进一步解决的问题。实际上,马克思主义民主理论作为科学的、无产阶级和广大劳动人民群众的民主理论,无疑是指导我们研究中国特色社会主义民主的根本理论与方法。马克思主义民主理论主要体现在马克思恩格斯的《共产党宣言》《1848 年至 1850 年的法兰西阶级斗争》《法兰西内战》和《家庭、私有制和国家的起源》,列宁的《国家与革命》,毛泽东的《论人民民主专政》,以及邓小平的《坚持四项基本原则》等经典篇章中。

马克思主义民主理论的方法论基石是历史唯物主义。人们常说"授之以鱼还不如授之以渔",各种理论观点分歧的背后往往隐藏着人们在观察社会现象、思考社会问题时"视角"上和"方法"上的差异。因此,方法和方法论就极为重要,科学的方法和方法论是构筑科学理论的基石。马克思主义民主理论之所以是一种科学的民主理论,一个重要原因就在于马克思、恩格斯、列宁等革命导师在分析民主问题、构筑民主理论时,自觉的坚持和运用唯物史观这一科学方法。唯物史观是马克思的"两大发现"之一,是分析包括民主问题在内的所有纷繁复杂社会现象的一把"钥匙"。民主无论其形式再光怪陆离和复杂多样,归根结底是上层建筑的组成部分,必然与一定生产力发展水平和特定的生

产关系联系在一起，也必然会随着经济社会的发展而不断变化，民主总是具体的和现实的，世界上不可能有超越一切时代的所谓"一般民主"和"绝对民主"。列宁曾经强调指出："任何民主，和任何政治上层建筑一样（这种上层建筑在阶级消灭之前，在无阶级的社会建立之前，是必然存在的），归根到底是为生产服务的，并且归根到底是由该社会中的生产关系决定的。所以把'生产民主'跟任何其他的民主分割开来，是不能说明任何问题的。这样做只能造成混乱而丝毫没有意义，这是第一。"①因此，研究民主问题时需要从生产力与生产关系、经济基础与上层建筑的关系中去把握，任何离开生产力、生产关系和经济基础而去谈论民主问题，都不免会陷入抽象的、脱离实际内容的民主的"泥潭"中去。

马克思主义民主理论认为民主的实质是阶级统治、民主始终是统治阶级的民主。作为政治上层建筑的民主总是和国家联系在一起，民主是一种国家形态，国家的性质决定了民主的性质。国家不是从来就有的，国家是伴随着生产力的发展和私有制的出现、阶级矛盾和阶级斗争尖锐而不可调和时才出现的。因此，国家尽管表面上是以社会代表者的身份和面目出现的，但实际上国家却是统治阶级压迫被统治阶级、维护统治阶级利益的阶级统治"工具"。国家的本质和性质决定了民主的实质是阶级统治、民主始终是统治阶级的民主。也就是说，民主绝不是普遍的、一般的所有人的民主，而只是统治阶级的民主，被统治阶级则是专政的对象，是被排除在民主之外的。在人类政治发展的历史上，先后出现过奴隶主阶级的国家、封建地主阶级的国家、资本主义国家和社会主义国家，与此相对应的民主则是奴隶主阶级的民主、封建地主阶级的民主、资产阶级的民主和无产阶级民主。划分民主类型的标准不

① 中共中央马克思恩格斯列宁斯大林著作编译局.列宁全集：第 40 卷[M].北京：人民出版社,1986:276-277.

是仅仅从民主的具体形式入手,而是要从国家的本质和性质入手,这样这才能真正把握民主的本质和实质;判断一个国家的民主,也应当首先从民主的阶级属性上入手,而不是被色彩斑斓的"形式"所迷惑。毛泽东曾经论述民主和自由时强调指出:"实际上,世界上只有具体的自由,具体的民主,没有抽象的自由,抽象的民主。在阶级斗争的社会里,有了剥削阶级剥削劳动人民的自由,就没有劳动人民不受剥削的自由。有了资产阶级的民主,就没有无产阶级和劳动人民的民主。"①

马克思主义民主理论认为民主内容决定民主形式、而民主形式反映和体现民主内容。内容决定形式,形式反映内容,任何民主都是民主内容和民主形式的有机统一。列宁在《国家与革命》中强调指出:"民主是国家形式,是国家形态的一种。因此,它同任何国家一样,也是有组织有系统地对人们使用暴力,这是一方面。但另一方面,民主意味着在形式上承认公民一律平等,承认大家都有决定国家制度和管理国家的权利。"②民主内容与民主形式的地位不是等量齐观的,民主内容是处于第一位的,是起决定性作用的;民主形式是为民主内容服务的,同样的民主内容可以有多重民主形式。例如,作为奴隶主阶级的民主,既可以采取像希腊直接民主或罗马共和国的形式,也可以采用君主专制的形式;当代资产阶级民主既可以采用君主立宪制,也可以采取共和总统制。但是任何一种民主内容都有与之相适应的占主导的民主形式。例如,奴隶主阶级的民主和封建地主阶级的民主,尽管也出现过直接民主、共和制等民主形式,但是这却是例外和少数,而主导的政体形式则是君主制;当代资产阶级民主尽管也有不同的民主形式,但是代议制、共和制却是典型。列宁曾经说:"民主共和制是资本主义所能采用的最

---

① 中共中央文献研究室.毛泽东文集:第7卷[M].北京:人民出版社,1999:208.

② 中共中央马克思恩格斯列宁斯大林著作编译局.列宁全集:第31卷[M].北京:人民出版社,1985:96.

好的政治外壳，所以资本一掌握……这个最好的外壳，就能十分巩固十分可靠地确立自己的权力，以致在资产阶级民主共和国中，无论人员、无论机构、无论政党的任何更换，都不会使这个权力动摇。"①因此，在强调民主内容处于主导地位、民主内容决定民主形式的同时，绝不能轻视和忽略民主形式的重要性，要根据民主内容和民主性质，选择和确立与之相适应的民主形式。

马克思主义民主理论实现了民主理论的根本性变革，在流派众多、观点各异的民主理论谱系中，马克思主义民主理论无疑是最深刻、最科学、最现实、最具有革命性和进步性的民主理论。马克思主义民主理论为我们观察人类几千年探索民主政治发展的历史、以及在这个过程中出现的各种各样的民主模式提供了方法论指导；同时也为我们在各种民主理论、民主思潮和民主观点异常"热闹"的场域中保持"头脑清醒"和"理论自信"提供了重要理论支撑。最重要的是，马克思主义民主理论为我们深入认识中国特色社会主义民主的特色和优势，在中国特色社会主义政治发展道路自信、模式自信和制度自信的基础上，推进民主政治发展和政治文明建设提供了重要理论依据和方法指导。

三、中国特色社会主义民主的特色与优势

中国共产党领导中国各族人民进行了伟大的新民主主义革命，实现了民族独立、国家解放、人民翻身作主，建立起了中华人民共和国；在此基础上进行社会主义革命、建立起社会主义制度，实现了中国有史以来最为深刻的社会变革。中国人民不仅在政治上当家作主，而且在经济社会等领域实现了真正的自由和平等。在这样的政治、经济、社会条件下，中国特色社会主义民主具有了自己的鲜明特色和优势，中国特色社会主义民主的本质是人民当家作主。在马克思主义民主理论的指导

---

① 中共中央马克思恩格斯列宁斯大林著作编译局.列宁选集：第3卷[M].北京：人民出版社，1972：181.

下，我们就能够科学的研究中国特色社会主义民主、并准确把握中国特色社会主义民主的特色和优势。

第一，中国特色社会主义民主基础的坚实性。经济是政治的基础，人民群众究竟有没有民主、能不能享受政治上的民主，这绝不是一个简单的宪法文本上是否写上"人民主权""公民权利"等条款的问题，更重要的是能否在经济上享有权利和自由。一个在经济上受剥削、受压迫、受奴役的阶级或民众，宣称说他们在政治上享有民主和政治权利，这样的民主是难以想象和"兑现"的，西方资本主义国家的民主就是这种情形。中国特色社会主义民主的一个重要特色和优势就在于，我们的民主是建立在生产资料的社会主义公有制基础之上的，人民群众作为生产资料的主人，在经济生活和社会生活中享有权利以及平等地位，这是政治上享有民主以及平等地位的重要基础。公有制为主体多种所有制并存的初级阶段基本经济制度是中国特色社会主义经济的基石，也是中国特色社会主义制度的重要内容，这是中国特色社会主义民主的经济基础。

第二，中国特色社会主义民主主体的广泛性。民主就是人民当家作主，但问题是"人民"是一个集合概念，究竟"谁是人民"、人民究竟包括那些社会阶级阶层，这是衡量民主程度的重要标准。正如毛泽东所说："人民这个概念在不同的国家和各个国家的不同历史时期，有着不同的内容。"[①]社会主义民主与资本主义民主的一个根本性区别就在于，社会主义民主是占人口绝大多数人的民主，而资本主义民主则是少数人的民主。正如列宁所说："绝大多数人享受民主，对那些剥削和压迫人民的分子实行强力镇压，即把他们排斥于民主之外，——这就是从资本主义向共产主义过渡的条件下形态改变了的民主。"[②]"无产阶级民主

[①] 中共中央文献研究室.毛泽东文集：第7卷[M].北京：人民出版社,1999:205.

[②] 中共中央马克思恩格斯列宁斯大林著作编译局.列宁选集：第3卷[M].北京：人民出版社,1972:247.

（苏维埃政治就是它的一种形式）在世界上史无前例地发展和扩大了的正是绝大多数居民，即对被剥削劳动者的民主。"①在当代中国，一切拥护社会主义制度和中国共产党的领导、参加社会主义现代化建设的阶级阶层都属于人民。具体而言，工人阶级、农民阶级、知识分子以及新的社会阶层都属于人民范畴；只有极少数反对社会主义制度、破坏社会主义现代化建设的违法犯罪分子才属于敌人，对敌对分子实行专政，剥夺其民主和政治权利。中国特色社会主义民主是包括工人阶级在内的社会主义劳动者和建设者的民主，民主的主体具有空前的广泛性。

第三，中国特色社会主义民主内容的真实性。在当代中国，人民当家作主、人民享有广泛的民主权利具有内容的真实性。人民不仅在政治生活中享有广泛民主权利，例如人民群众不仅在政治生活中享有选举权、被选举权、知情权等民主权利，而且公民还享有言论、出版、集会、结社、游行、示威自由等政治表达权，还有权对国家机关和国家工作人员提出批评和建议的权利，对国家机关和国家工作人员的违法失职行为提出申诉、控告或者检举的权利。在经济生活社会生活中公民不仅享有广泛的知情权、建议权、监督权，而且还可以经过合法程序和途径直接参与经济社会事务的决定和管理。这些权利作为基本的公民权利已经被写进《中华人民共和国宪法》。

第四，中国特色社会主义民主形式的多样性。当前人民群众在行使民主权利时，既可以通过人民代表大会制度来行使，也可以通过基层民主制度来行使；既可以在党的领导下通过依法治国来对国家社会事务进行管理，又可以通过建议和意见的形式参与对国家社会事务的管理；既可以通过行使选举权的形式来实现，又可以通过行使知情权、监督权等来行使。多样化的民主形式保证了民主内容的真实性及其人民

---

① 中共中央马克思恩格斯列宁斯大林著作编译局.列宁选集：第 3 卷[M].北京：人民出版社，1972：633.

当家作主渠道和途径的畅通。

第五，中国特色社会主义民主目标的远大性。社会主义民主比资本主义民主更为优越，这是确定无疑的。但是社会主义的优越性（当然也包括社会主义民主的优越性）的展现需要一个过程，特别是当前我们还处在社会主义初级阶段，在这种情况下，中国特色社会主义民主的优越性要充分展现出来同样需要一个过程。但是，随着社会主义的不断发展和完善，中国特色社会主义民主所具有的优势就会不断的充分的展现出来。正如邓小平所说："社会主义愈发展，民主也愈发展。这是确定无疑的。"①随着中国特色社会主义的不断发展和完善，我们将逐步从社会主义初级阶段步入社会主义的中高级发展阶段、并最终向共产主义转变，与这个发展阶段和历史进程相适应，我们的民主水平和政治文明程度也必将会不断提高，并最终实现从高度发达的"政治民主"走向真正意义上的"社会民主"，从而实现马克思恩格斯所说的"自由人联合体"。

第二节　人民代表大会制度与人民民主

一、从直接民主到间接民主

研究和考察民主首先需要搞清楚"究竟谁拥有民主""究竟谁享有政治权利"这一根本性问题，这是马克思主义民主理论的一个基本观点。但是这并不意味着民主形式就不重要，古往今来任何统治阶级都在不断探索民主形式。古希腊雅典城邦开创了"直接民主"这样一种民主形式，尽管这种直接民主在本质上仍然属于奴隶主阶级的民主，但是就其民主形式本身来说则是在奴隶主阶级的内部实现了很高程度的"民主"。也正因为如此，直接民主、公民直接参与国家政治事务讨论和决定，似乎也就成了民主在形式上追求的"标杆"。但是直接民主只能

---

① 中共中央文献研究室.邓小平文选:第2卷[M].北京:人民出版社,1994:168.

在古希腊雅典城邦这样规模的"政治单位"中可以实行。而随着近现代民族国家这样的"政治单位"的普遍出现，无论是领土规模、还是公民或选民数量的规模都使得"直接民主"这种形式越来越难以"胜任"大规模民主发展的要求，而间接民主或者说代议制民主就是在这种条件下发展起来的。

间接民主或代议制是现代民主的主流形式，当前人们所说的民主就其形式来说指的就是间接民主或代议制。代议制民主的运行机制和制度设计是：人民享有权力，这是政治权力的唯一来源和合法性所在；但是人数众多的人民群众不可能亲力亲为直接参与对国家社会事务的管理，因此只能选择"代表"来代表自己履行对国家社会事务的管理；为保证"代表"切实代表人民或者说选民的意志和利益，人民群众就需要通过定期选择代表等多种形式来监督"代表"。因此，间接民主、代议制作为一种民主形式上的"制度设计"，有效解决了民族国家这一大规模"政治单位"的民主运行问题。在这个意义上，间接民主、代议制为近现代民主政治在世界范围内的发展提供了制度上的支撑。詹姆斯·密尔把"代议制度"称作"现代最伟大的发现"。约翰·斯图亚特·密尔在《代议制政府》中指出："即使在面积和人口超过一个小市镇的社会里除公共事务的某些极次要的部分外，所有的人亲自参加公共事务是不可能的，从而得出结论说，一个完善政府的理想类型一定是一个代议制政府了。"①当代美国政治学家乔万尼·萨托利指出："以亲自参与为基础的民主只在一定条件下才是可能的；相应的是，如果这些条件不存在，那么代议制民主就是唯一可能的形式。"②美国著名民主理论专家罗伯特·达尔认为："民主单位越小，公民参与的可能性就越大而必须移交

---

①　J. S. 密尔. 代议制政府[M]. 汪瑄，译. 北京：商务印书馆，1982：55.

②　乔万尼·萨托利. 民主新论[M]. 冯克利，阎克文，译. 上海：上海人民出版社，2008：35.

给代表的管理决定就越少。民主单位越大,解决公民重要问题的能力就越强,而同时公民就越有必要将管理决定权移交给代表。"①代议制是资产阶级民主的重要制度形式。

间接民主、代议制也是社会主义民主要采用的民主形式。社会主义民主作为无产阶级和广大劳动人民的民主,是占人口绝大多数人的民主,这是社会主义民主与资本主义民主最本质的区别,但是社会主义民主也需要一定的与之相适应的民主形式。1871 年法国巴黎工人起义后所建立的公社政权对无产阶级专政的政权形式和社会主义民主形式进行了有益探索。公社的管理人员是由普选而产生的工人或公认的工人阶级代表组成,公社公职人员的工资收入不得高于社员的一般水平,对于不称职的公社管理人员可以随时进行罢免,公社管理人员是社会和人民的"公仆",公社是名副其实的工作机关。马克思指出:"公社的真正秘密就在于:它实质上是工人阶级的政府,是生产者阶级同占有者阶级斗争的产物,是终于发现的可以使劳动在经济上获得解放的政治形式。"②可见,连巴黎公社这样的"迷你型"的"市政政权",它的管理人员和工作人员都需要通过普选的形式产生并实行"间接民主"、而不能实行直接民主的话,那么当国家规模远大于巴黎这样一个城市时,所能采用的政权形式和民主形式也就可想而知了。所以,列宁在批评资本主义国家代议制民主的资产阶级本质的同时,又明确指出间接民主、代议制作为民主形式是现代大规模民主的"通用"模式,社会主义民主也不例外。列宁指出:"没有代表机构,我们不可能想象什么民主,即使是无产阶级民主。"③"工人代表苏维埃,按其意义来说,按其所创造的国

---

① 罗伯特·A·达尔. 论民主[M]. 李风华,译. 北京:中国人民大学出版社,2012:93.

② 中共中央马克思恩格斯列宁斯大林著作编译局. 马克思恩格斯选集:第 3 卷[M]. 北京:人民出版社,1995:58-59.

③ 中共中央马克思恩格斯列宁斯大林著作编译局. 列宁选集:第 3 卷[M]. 北京:人民出版社,1995:152.

家政权的类型来说，正是这样一种民主的机构，这种民主废除旧的压迫机关，走上全面民兵的道路。"①因此，间接民主、代议制作为一种民主形式和民主载体，资本主义民主可以用，社会主义民主也可以用。但这并不意味着社会主义国家的民主就一定去照搬资产阶级国家的"议会制"，因为间接民主、代议制所体现的制度"原则"与具体的代议制"模式"是两个不同层次的问题。这也要求我们不能简单照搬资产阶级国家的"议会制"，而要探索体现社会主义民主要求和本国实际的"代议制"具体模式。

二、人民代表大会制度是人民当家作主的基本形式

人民代表大会制度是国家的根本政治制度，是与人民民主专政国体相适应的政体形式，党和国家历届领导人高度重视人民代表大会制度建设，并不断推进人民代表大会制度的完善和发展。1940 年毛泽东在《新民主主义论》中指出："没有适当形式的政权机关，就不能代表国家。中国现在可以采取全国人民代表大会、省人民代表大会、县人民代表大会、区人民代表大会直到乡人民代表大会的系统，并由各级代表大会选举政府。"②1950 年毛泽东指出："人民政府的一切重要工作都应交人民代表会议讨论，并作出决定。必须使出席人民代表会议的代表们有充分的发言权，任何压制人民代表发言的行动都是错误的。"③1987年邓小平指出："我们实行的就是全国人民代表大会一院制，这最符合中国实际。"④1990 年江泽民指出："建设社会主义民主政治，最重要的是坚持和完善人民代表大会制度。人民代表大会制度是我国的根本政治制度。它是我们党长期进行人民政权建设的经验总结，也是我们党

---

① 中共中央马克思恩格斯列宁斯大林著作编译局.列宁全集：第 29 卷[M].北京：人民出版社,1985:288.

② 中共中央文献研究室.毛泽东选集：第 2 卷[M].北京：人民出版社,2009:677.

③ 中共中央文献研究室.毛泽东文集：第 6 卷[M].北京：人民出版社,1999:71.

④ 中共中央文献研究室.邓小平文选：第 3 卷[M].北京：人民出版社,1993:220.

对国家事务实施领导的一大特色和优势。"①2004 年 9 月 15 日,胡锦涛在首都各界纪念全国人民代表大会成立 50 周年大会上讲话指出:"坚持和完善人民代表大会制度,是我们发展社会主义民主政治、建设社会主义政治文明的重要内容。"②2014 年 9 月 5 日,习近平总书记在庆祝全国人民代表大会成立 60 周年大会上讲话指出:"60 年来特别是改革开放 30 多年来,人民代表大会制度不断得到巩固和发展,展现出蓬勃生机活力。60 年的实践充分证明,人民代表大会制度是符合中国国情和实际、体现社会主义国家性质、保证人民当家作主、保障实现中华民族伟大复兴的好制度。"③

人民代表大会制度不仅是中国特色社会主义国家政权建设的重要制度,同是也是人民当家作主的基本形式和主要渠道。人民代表大会制度是人民当家作主的基本制度平台,人民代表大会制度体现着人民民主的价值原则。《中华人民共和国宪法》第二条明确规定:"中华人民共和国的一切权力属于人民。人民行使权力的机关是全国人民代表大会和地方各级人民代表大会。"人民代表大会制度是人民当家作主的基本形式,可以从以下几个方面来具体分析。

第一,人民代表大会制度是中国特色社会主义选举民主的制度支撑,从而体现和贯彻了"国家一切权力来源于人民"的政治原则。选举固然不是民主政治的全部内容、也不是衡量是否民主的唯一标准,但是选举在民主政治中的重要地位和作用不可低估,因为通过选举这一合法的授权行为来选择"代表"组成国家权力机关并对国家社会事务进行管理,这一政治过程、政治程序所体现的政治原则是"一切权力来源于

①　中共中央文献研究室.江泽民文选:第 1 卷[M].北京:人民出版社,2006:111.

②　胡锦涛.在首都各界纪念全国人民代表大会成立 50 周年大会上的讲话[N].人民日报,2004-09-16.

③　习近平.在庆祝全国人民代表大会成立 60 周年大会上的讲话[N].人民日报,2014-09-06.

人民"的原则。《中华人民共和国宪法》第三十四条明确规定："中华人民共和国年满十八周岁的公民，不分民族、种族、性别、职业、家庭出身、宗教信仰、教育程度、财产状况、居住期限，都有选举权和被选举权；但是依照法律被剥夺政治权利的人除外。"《中华人民共和国选举法》则对全国人民代表大会和地方各级人民代表大会代表的具体选举程序、选举办法、选举要求进行了专门立法和明确规定。人民或公民通过普遍的民主选举产生自己的代表组成各级人民代表大会，各级人民代表大会对人民负责、受人民监督，有力地保证了全国各族人民依法实行民主选举、民主决策、民主管理、民主监督，从而将宪法和法律所赋予的民主、自由和权利落到实处。

第二，全国人民代表大会是国家的最高权力机关，从而体现和贯彻了主权在民的政治原则。《中华人民共和国宪法》第五十七条明确规定："中华人民共和国全国人民代表大会是最高国家权力机关。它的常设机关是全国人民代表大会常务委员会。"在国家机构组织架构中，全国人民代表大会是国家最高权力机关。宪法规定全国人民代表大会具有以下权力：选举中华人民共和国主席、副主席；根据中华人民共和国主席的提名，决定国务院总理的人选；根据国务院总理的提名，决定国务院副总理、国务委员、各部部长、各委员会主任、审计长、秘书长的人选；选举中央军事委员会主席；根据中央军事委员会主席的提名，决定中央军事委员会其他组成人员的人选；选举最高人民法院院长；选举最高人民检察院检察长。由此可见，全国人民代表大会是名副其实的国家最高权力机关，中华人民共和国主席、中华人民共和国中央军事委员会、国务院、最高人民法院、最高人民检察院的权力均来自于全国人民代表大会并接受全国人民代表大会的监督；全国人民代表大会作为国家最高权力机关，是由广大人民群众（选民）通过直接选举和间接选举的形式选举产生的代表组成。因此，人民代表大会制度无论是理论上还是实践上都体现和贯彻了主权在民的政治原则。

第三,人民代表大会实行一院制和议行合一制度架构,从而体现和贯彻了人民利益和意志的整体性原则。各级人民代表大会在代表机关的组织结构上实行一院制,每个人民代表的权力是平等的,每个代表享有平等的表决权,根据少数服从多数的原则来决定议案的通过或否决。同时,全国人民代表大会还实行议行合一的原则,全国人民代表大会既是议事决策机关,同时又是实际工作机关。全国人民代表大会有以下重要权力。

其一,立法权。宪法明确规定:"全国人民代表大会和全国人民代表大会常务委员会享有国家立法权。"其中全国人民代表大会有权修改宪法,有权制定和修改刑事、民事、国家机构的和其他的基本法律;全国人民代表大会常务委员会则有权制定和修改除应当由全国人民代表大会制定的法律以外的其他法律,而且有权解释宪法和法律。

其二,决定权。全国人民代表大会作为国家最高权力机关,有权对国家重大事项和问题作出决定。宪法明确规定:全国人民代表大会有权审查和批准国民经济和社会发展计划和计划执行情况的报告、审查和批准国家的预算和预算执行情况的报告;全国人民代表大会常务委员会有权决定同外国缔结的条约和重要协定的批准和废除。

其三,任免权。全国人民代表大会根据中华人民共和国主席的提名,决定国务院总理的人选;全国人民代表大会根据国务院总理的提名,决定国务院副总理、国务委员、各部部长、各委员会主任、审计长、秘书长人选。全国人民代表大会常务委员会根据最高人民法院院长提请,任免最高人民法院副院长、审判员、审判委员会委员和军事法院院长;全国人民代表大会常务委员会根据最高人民检察院检察长提请,任免最高人民检察院副检察长、检察员、检察委员会委员和军事检察院检察长;全国人民代表大会常务委员会决定驻外全权代表的任免。

其四,监督权。全国人民代表大会及其常委会有权监督宪法的实施,有权对国家机关的工作进行监督。全国人民代表大会享有上述四种主要权力,既体现了全国人民代表大会是国家最高权力机关,同时也表明了人民代表大会实行议行合一。人民代表大会制度充分体现和贯彻了人民利益和意志的整体性原则,代表人民的整体意志,维护人民的整体利益,为实现人民当家作主提供了坚实的制度保证。

第三节 中国特色社会主义政党制度与协商民主

一、政党是现代民主政治的"发动机"

尽管在前现代社会就有所谓的"政党",但是与现代民主社会的政党和政党政治不可同日而语。中国在明代有"东林党";在欧洲则有"烧炭党""无套裤党"。但是这些美其名曰的"政党"充其量只是政治帮派或利益帮派而已。它们既没有固定依靠的社会阶级基础,也没有自己的政治目标和政治纲领,更没有合法活动的社会土壤。政党和政党政治是近现代社会才出现的政治景观。

现代意义上的政党是资本主义商品经济发展的产物。随着资本主义商品经济的不断发展,前现代社会纷繁芜杂的社会阶级、阶层和等级关系逐渐简单化,从而形成了现代资产阶级和无产阶级两个主要的社会阶级。资产阶级和无产阶级的根本利益泾渭分明,为维护和争取本阶级的利益,就需要代表和维护本阶级根本利益、组织本阶级开展阶级斗争,这就是现代政党产生的根本原因。正如恩格斯在《关于共产主义者同盟的历史》中论述政党特别是作为无产阶级政党的"共产主义者同盟"时指出:"我在曼彻斯特时异常清晰地观察到,迄今为止在历史著作中根本不起作用或者只起极小作用的经济事实,至少在现代世界中是一个决定性的历史力量;这些经济事实形成了产生现代阶级对立的基础;这些阶级对立,在它们因大工业而得到充分发展的国家里,因而特别是在英国,又是政党形成的基础,党派斗争的基础,因而也是全部政治史的基础。"①由此可见,阶级性是政党的根本属性,政党是阶级斗争发展到一定历史阶段的产物,是社会阶级走向成熟并自觉争取自身利益的必然结果。因此,划分政党的基本标准是政党的阶级属性,即政党所代表和维护的阶级利益。

现代意义上的政党也是近现代民主政治发展的产物。自由、民主、人权、博爱是资产阶级启蒙运动高举的思想旗帜,在资产阶级革命急风暴雨的冲击下,宗教神权、封建特权以及与之相伴生的君主专制一起退出了历史舞台,那么新建立的所谓的民主国家、民主社会又该如何建立国家机器、维护社会秩序呢?这是近现代民主政治发展必须直面的问题。秉承主权在民,但是不可能让每个人都直接参与对国家社会事务的管理,因此只能实行代议制,通过选举代表、监督代表的形式来体现主权在民。在选举过程中,竞选宣传、动员选民、组织选举都需要借助于政党组织来实施;在资本主义议会内部不可能铁板一块,必然会有这样那样的政策分歧,围绕政策分歧必然会形成政党派别;同时由议会中占多数的政党派别或者在选举中获得多数选票的政党组织来组阁执政、运作国家机器。这就是近现代以来资本主义国家机器和民主政治运行的内在逻辑。选举过程中的政党组织和议会内部的政党派别遥相呼应,形成组织体系完整的政党,没有政党及政党活动,简直无法想象现代民主政治如何运转。因此,政党是近现代民主政治发展的产物,是人类政治文明告别了君权神授、君主专制和朝廷,进入到主权在民、公民选举产生政府的民主政治时代的政治"创造物"和"制度设计",政党和政党政治是现代民主政治最为耀眼和绚丽的一道政治"风景线"。在现代社会,政党是政治活动的重要主角,政党是运作现代民主政治的主体、是现代民主政治这部复杂机器运转的"发动机"。由政党来动员组织选举、

---

① 中共中央马克思恩格斯列宁斯大林著作编译局.马克思恩格斯选集:第4卷[M].北京:人民出版社,1995:196.

组阁执政、运作权力并对国家事务进行管理，这就是政党政治。

政党究竟如何组阁执政、如何运作国家权力、遵循什么样的程序和规则？这就涉及政党制度的问题。政党制度就是政党组阁执政、运作国家权力的基本"政治游戏规则"，政党制度是一个国家的重要政治制度。一般而言，政党制度是政党与政府、政党与政党关系的制度规定，是政党执掌国家政权、运作国家机器、影响国家政策的刚性制度规范。理论界一般将政党制度划分为一党制、两党制和多党制三种类型。一党制是指在国家政治生活中，事实上或法律上只有一个政党，一党制往往又称其为一党专制。两党制是指在国家政治生活中，事实上有两个主要的政党开展政治活动，形成压"跷跷板"式的两党竞争和轮流执政的态势。多党制是指国家政治生活中，不仅法律承认而且事实上存在三个以上的政党，从而形成多党轮流执政或者多党联合执政的态势。但是，按照一党制、两党制和多党制对政党制度进行"类型学"意义上的划分只是提供了思考和研究政党政治的一种视角和参考，因为政党关系、政党政治具有鲜活性、复杂性和多样性，一党制、两党制和多党制并不能完全概括和反映丰富多彩的政党关系和政党政治。

中国共产党领导的多党合作和政治协商制度是具有鲜明特色和制度优势的中国特色社会主义政党制度。这一政党制度是在长期的新民主主义革命和社会主义革命与建设的实践中形成和发展起来的。中国共产党是中国特色社会主义事业的领导核心，坚持中国共产党的领导是中国特色社会主义最本质的特征和最大的政治优势，中国共产党始终代表中国先进生产力的发展要求、代表中国先进文化的前进方向、代表中国最广大人民的根本利益。党的领导集中体现在思想领导、政治领导和组织领导上，在国家政治生活中发挥着纵览全局、协调各方的核心领导作用。同时，中国共产党又是执政党，依照宪法和各项法律的规定，按照法定程序和规范建立政府来对国家社会事务进行管理。各民主党派作为参政党和议政党,通过中国人民政治协商会议这个制度和平台进行政治协商、民主监督和参政议政,积极发挥自己的参谋作用。因此,中国共产党领导的多党合作和政治协商制度不是西方政党划分"类型学"意义上的一党制和多党制、而是具有鲜明中国特色的一种政党制度,该政党制度不仅对维护社会团结和长治久安具有重要意义,而且是推动和实现协商民主、党内民主的重要制度基础。

二、中国特色政党制度是协商民主的重要制度支撑

协商民主就是在中国共产党领导下,人民内部各方面围绕改革发展稳定等重大问题和涉及群众切身利益的实际问题,在决策之前和决策实施之中开展广泛协商,努力形成共识的重要民主形式。2014 年 9 月 21 日,习近平总书记在庆祝中国人民政治协商会议成立 65 周年大会上讲话指出:"社会主义协商民主,是中国社会主义民主政治的特有形式和独特优势,是中国共产党的群众路线在政治领域的重要体现。"[①]"中国社会主义协商民主丰富了民主的形式、拓展了民主的渠道、加深了民主的内涵。"[②]协商民主是中国特色社会主义民主政治框架中最具有鲜明中国特色的民主形式,是中国共产党在领导和推动中国民主政治建设实践中探索出的一种富有生命力的民主形式,同时也是中国对世界民主政治发展以及政治文明进步提供的"中国智慧"、作出的"中国贡献"。2015 年 2 月,中共中央印发了《中共中央关于加强社会主义协商民主建设的意见》,标志着中国特色社会主义协商民主建设进入到一个新的水平和发展阶段。

社会主义协商民主是中国共产党和中国人民的伟大创造,源自中

---

① 习近平.在庆祝中国人民政治协商会议成立 65 周年大会上的讲话[N].人民日报,2014 - 09 - 22.

② 习近平.在庆祝中国人民政治协商会议成立 65 周年大会上的讲话[N].人民日报,2014 - 09 - 22.

国共产党领导人民进行革命、建设、改革的长期实践，协商民主的形成经历了从政治协商到协商政治、从协商政治到协商民主的发展过程。中国共产党作为中国工人阶级先进政党，在领导中国革命的过程中需要建立统一战线，建立稳固的工农联盟，同时最大限度的联合小资产阶级、民族资产阶级等进步力量。在国民革命时期和抗日战争时期，先后同中国国民党进行过两次合作；在解放战争时期，同民主党派和爱国进步人士精诚合作，并同民主党派一道建立中华人民共和国。1949 年 9 月 21 日至 30 日，中国人民政治协商会议第一届全体会议召开，会议通过了具有临时宪法性质的《中国人民政治协商会议共同纲领》和《中国人民政治协商会议组织法》《中华人民共和国中央人民政府组织法》。1954 年全国人民代表大会召开后，人民政协作为社会团体在社会主义建设中发挥着统一战线的作用。邓小平指出："新时期统一战线和人民政协的任务，就是要调动一切积极因素，努力化消极因素为积极因素，团结一切可以团结的力量，同心同德，群策群力，维护和发展安定团结的政治局面，为把我国建设成为现代化的社会主义强国而奋斗。"[①]民主党派参政议政、建言献策从一种经常性的政治活动上升为一种具有长期性和稳定性的政治制度，标志着政治协商向协商政治转变。规范化、制度化的政治协商和协商政治实践探索出协商民主这一新的民主形式。习近平总书记强调："充分发挥人民政协作为协商民主重要渠道作用，围绕团结和民主两大主题，推进政治协商、民主监督、参政议政制度建设。"[②]

社会主义协商民主是一个包含多领域、多界别、多层次的政治协商和协商政治体系，具体包括政党协商、政府协商、政协协商、人大协商、人民团体协商和基层协商，这表明了社会主义政治协商和协商民主的

---

① 中共中央文献研究室.邓小平文选：第 2 卷[M].北京：人民出版社，1994：187.

② 习近平.在庆祝中国人民政治协商会议成立 65 周年大会上的讲话[N].人民日报，2014－09－22.

鲜活性、广泛性和多样性,以及社会主义协商民主在内容和形式上、在广度和深度上的不断拓展。但是,在社会主义协商民主的内容体系中,政党协商无疑是最基本、最重要的内容,同时也是发展起步最早、制度化水平最高的一种协商民主形式。因此,人们在谈论中国特色社会主义协商民主时,实际上主要指的就是中国共产党同民主党派之间的政党协商。习近平总书记在庆祝中国人民政治协商会议成立 65 周年大会上讲话指出:"人民政协以宪法、政协章程和相关政策为依据,以中国共产党领导的多党合作和政治协商制度为保障,集协商、监督、参与、合作于一体,是社会主义协商民主的重要渠道。"①

20 世纪 90 年代以来,在罗尔斯、哈贝马斯等著名政治哲学家的推动下,协商民主逐渐赢得了越来越多的社会承认,成为当代西方民主理论研究的热点问题。在选举民主越来越多的出现弊端、社会多元化加剧的情况下,人们发现协商民主是一种具有巨大潜能的民主类型,它能够有效地回应社会多元多样化背景下社会共识凝聚问题以及公共政策决策和决策过程的合法性问题。"就政治过程而言,协商民主关注政治观点与意志形成的长期过程,以及它们在正式议会场所与非正式公共领域的交流。因此,协商民主坚定地支持参与,它认为需要高水平的参与,而且其最终目的是使权力运作合理化。"②"政治合法性不是以投票箱或多数人的统治为主要议题,而是以有可辩护性的理由、解释和说明的公共政策为主要议题。关键目标是通过协商过程把个人偏好转化为支持公共审议和检验(public scrutiny and test)的立场。"③协商民主打

---

① 习近平. 在庆祝中国人民政治协商会议成立 65 周年大会上的讲话[N]. 人民日报,2014 - 09 - 22.

② Pablo de Greiff. Deliberative Democracy and Punishment[M]. Buffalo Criminal Law Review, Vol. 5, 2002:373.

③ 戴维·赫尔德. 民主的模式[M]. 燕继荣,等,译. 北京:中央编译出版社,1998:272.

破了人们从直接民族、间接民主思考民主的传统思维模式，而作为实践模式的协商民主能够切实提高政治参与的质量以及公共决策的民主化科学化水平。但问题是，尽管当前有不少西方学者谈论、研究协商民主，在协商民主理论的"知识生产"上出现了繁荣景象，但是西方国家在协商民主的实践层面上却少有"建树"，说的要远多于实际行动。协商民主的真正实践和充分发展在中国，以中国共产党领导的多党合作和政治协商为主要内容和基本形式的中国特色社会主义协商民主，是一种具有坚实制度基础、充实政治实践和光明发展前景的协商民主形式。

第一，中国共产党领导的多党合作和政治协商具有坚实的制度基础。《中华人民共和国宪法》序言明确规定："中国共产党领导的多党合作和政治协商制度将长期存在和发展。"《中国人民政治协商会议章程》《中国人民政治协商会议组织法》《中国人民政治协商会议全国委员会提案工作条例》《政协全国委员会关于政治协商、民主监督、参政议政的规定》等法律和规章制度为多党合作和政治协商直接提供了制度保障。同时，《中共中央关于坚持和完善中国共产党领导的多党合作和政治协商制度的意见》(1989年)《中共中央关于加强人民政协工作的意见》(2006年)《中共中央关于加强社会主义协商民主建设的意见》(2015年)等党的文件为多党合作和政治协商提供了政策依据和坚实保障。因此，中国共产党领导的多党合作和政治协商是一种制度化的协商民主形式。

第二，中国共产党领导的多党合作和政治协商具有充实的政治实践。中国人民政治协商会议是多党合作和政治协商的重要平台，《中国人民政治协商会议章程》对中国人民政治协商会议的组织形式和工作开展方式进行了明确规定。中国人民政治协商会议全国委员会全体会议每年举行一次，中国人民政治协商会议各级地方委员会的全体会议每年至少举行一次。政协对政治、经济、文化和社会生活中的重要问题以及人民群众普遍关心的问题开展调查研究，通过调研报告、提案、建议案或其他形式,向中国共产党和国家机关提出意见和建议;对国家和地方的大政方针以及政治、经济、文化和社会生活中的重要问题在决策之前进行协商和决策执行过程中的重要问题进行协商。因此,中国共产党领导的多党合作和政治协商是一种常态化的协商民主形式。

第三,中国共产党领导的多党合作和政治协商具有光明的发展前景。中国共产党同民主党派多党合作和政治协商经历了一个不断发展和完善的过程,从精诚合作和联合反蒋到政治协商和共商建国,从"长期共存、互相监督"到"长期共存、互相监督、肝胆相照、荣辱与共",从"五一口号"的发布到《中国人民政治协商会议章程》和《中共中央关于加强人民政协工作的意见》,中国共产党同民主党派多党合作和政治协商在实践上、制度上不断走向成熟,形成了具有鲜明中国特色的协商民主形式。实现全面建成小康社会奋斗目标、实现中华民族伟大复兴中国梦,必须要依靠中国力量、最大限度的团结和凝聚中国力量,这既对多党合作和政治协商提出了新的更高要求,同时又为进一步拓展和深化政党协商、丰富和完善中国特色协商民主提供了广阔空间。2015 年中共中央印发的《中共中央关于加强社会主义协商民主建设的意见》明确要求继续探索规范政党协商形式、完善民主党派中央直接向中共中央提出建议制度、加强政党协商保障机制建设,指出了完善多党合作和政治协商的方向和重点。随着中国共产党领导的多党合作和政治协商制度的进一步发展和完善,中国特色协商民主的制度优势和民主特色就会进一步彰显,也必将为"两个一百年"奋斗目标的实现提供坚实的政治支撑。到那个时候,我们将更加自信和有底气的说:中国特色社会主义协商民主为人类政治文明提供了一种新型的民主形式!

第四节　基层群众自治制度与基层民主

一、代议制民主时代的基层民主

民主的本来含义是人民的统治、人民当家作主,即人民对国家社会事务的管理拥有直接而现实的权力。民主的这种直接参与原则在古希腊雅典城邦政治活动中得到了最好的诠释和体现。但是随着国土面积辽阔、人口众多的民族国家的出现，公民直接参与对国家社会事务的管理已经越来越不合时宜。汉娜·阿伦特曾非常形象地指出："直接民主是行不通的，只因'屋子里装不下所有的人'。"[①]因此，代议制民主在近现代以来就成为了占据主导地位的民主理论，程序民主、选举民主总体上也是包含在代议制民主的内容框架之中，人们在谈论民主时基本上也都是在"代议制民主"的意义上说民主。但是，直接民主的传统源远流长，对民主的影响一直未曾终结，直接民主和间接民主构成了民主的两种最基本的模式。赫尔德指出："民主的不同模式可以被合理地划分为两大形式：直接的或参与的民主（direct democracy or participatory democracy，一种公民可以直接参与公共事务决策的制度）和自由的或代议的民主（liberal democracy or representative democracy，一种在'法治'的框架之下通过选任的'官员'来'代表'公民的利益和/或观点而实行统治的制度。）"[②]

代议制民主在体现和贯彻民主理念、民主价值上也存在这样那样的问题。香港中文大学王绍光教授在《民主四讲》一书中认为，"代议制"限制了民众直接参与决策的机会，代议制民主在很大程度上是一种"选主"，即选出一个"主"来，当代西方国家的"选举式民主"实质上是"选主式民主"。萨托利认为："选举和代表虽然是大规模民主的必要手段，但它们也是它的阿基里斯之踵。授权者也能失去权力；选举未必是自由的；代表也未必是货真价实的。"[③]由此可见，代议制民主、程序民主、选举民主不是民主的全部内容，不仅代议制民主本身需要不断的完

---

①　汉娜·阿伦特.论革命[M].陈周旺,译.南京：译林出版社,2007：221.

②　戴维·赫尔德.民主的模式[M].燕继荣,等,译.北京：中央编译出版社,1998：5.

③　乔万尼·萨托利.民主新论[M].冯克利,阎克文,译.上海：上海人民出版社,2008：42－43.

善和发展,而且在代议制民主之外需要不断探索新的民主形式。

参与式民主理论复兴于 20 世纪中后期,参与式民主强调在代议制民主的基础上引进更多直接民主因素,扩大公民对公共事务的直接参与。当代西方民主理论家柯尔认为:"民主依靠的不是任何形式的选举制度,而是遍及整个社会的精神。最民主的社会是其中的大部分公民希望广泛分配真正的政治权力,并能保证这种权力在实践上和理论上都得到广泛的分配。"①当代西方民主理论家赫尔德指出:"我们可以把不同的民主类型看做一个从地方到全国的连续集,地方民主以直接的参与过程为标志,而人口众多的更大区域则越来越多地使用代议制。相对于高度分化的社会、经济和政治环境,直接参与民主制的可能性在社区和工区无疑会大大增加。"②未来学家约翰·奈斯比特从人类未来政治发展趋势上构想参与式民主发展,认为代议制民主的消亡标志着西方国家传统两党制的终结,同时还强调人们直接参与决策,而不仅仅是选择代表。参与式民主理论主张公民最大限度地参与对国家社会事务的直接管理,除了要参与传统意义上的政治部门和传统的投票选举以外,尤其是要直接参与社会其他部门的管理和监督,比如参与工作单位、社区等基层社会的管理和监督。因此,参与式民主是代议制民主的重要补充,是代议制民主时代的直接民主形式,而且参与式民主的重点在社会基层。

互联网技术的发展和"网络民主"的出现为参与式民主增添了新的形式。随着互联网技术的迅猛发展和网民数量的激增,借助于互联网技术所提供的平台和通道来表达政治观点和政治倾向、参与和影响政府决策、政府借助于互联网技术来汇集民意进行决策,这已经越来越成为一种很普遍的政治现象。正基于此,有人提出了所谓的"网络民主",认为网络技术、网络平台为更大规模的直接政治参与提供了可能,借助

① 乔·柯尔.费边社会主义[M].夏遇南,吴澜,译.北京:商务印书馆,1984:112.
② 戴维·赫尔德.民主的模式[M].燕继荣,等,译.北京:中央编译出版社,1998:320.

于"网络辩论"和"电子投票"等手段进行所谓的"全民公决"也不再是遥不可及的事情了。实事求是的说，借助于互联网技术来大规模推进和实施"全民公决"这样的直接民主在当前似乎还为时过早，所谓的"网络民主"也不会成为一种与直接民主、代议制民主相提并论的民主形式，但是互联网技术和网络平台的发展确实为参与式民主的发展增添了新的形式。借助于互联网技术和互联网平台，人们直接参与国家和地方政治活动的时间成本降低、手段更为便捷、中间环节较少。互联网技术和网络平台的发展，无疑将参与式民主的实践推进到一个新的高度和水平，无疑为基层民主发展拓展了空间。

参与式民主是"源于"西方的民主，但又不仅仅是"属于"西方的民主，更不是西方国家的"专利"；基层民主的意义和作用也不仅仅限于是西方国家对其代议制民主的补充，实际上是民主发展的一种普遍性趋势和世界性现象。参加投票选举固然是人民当家作主的一种重要形式和基本途径，但是除此之外还应当有更多的权利和机会参与对国家社会公共事务的直接管理，其中参与对基层公共事务和公共事业的管理和监督，这是群众能够亲身感受到的民主，同时又是同基层群众切身利益直接息息相关的民主，发展基层民主具有光明的前景。

二、基层群众自治制度是基层民主的制度支撑

基层民主是中国特色社会主义民主政治的重要组成部分，是中国特色社会主义民主政治建设的基础。党的十七大报告明确指出："人民依法直接行使民主权利，管理基层公共事务和公益事业，实行自我管理、自我服务、自我教育、自我监督，对干部实行民主监督，是人民当家作主最有效、最广泛的途径，必须作为发展社会主义民主政治的基础性工程重点推进。"[①]人民群众在社会基层公共事务和公益事业的管理中

---

① 胡锦涛.高举中国特色社会主义伟大旗帜 为夺取全面建设小康社会新胜利而奋斗——在中国共产党第十七次全国代表大会上的报告[M].北京：人民出版社,2007：30.

依法直接行使民主选举、民主决策、民主管理、民主监督等权利,从而实现自我管理、自我服务、自我教育、自我监督,在这个过程中实现人民当家作主。可见,基层民主是最直接、最广泛、最生动的民主实践,发展基层民主对推进中国特色社会主义民主政治建设和政治文明建设具有重要意义。

基层群众自治制度是基层民主及其健康发展的制度支撑和制度保证,党的十七大报告将基层群众自治制度同人民代表大会制度、中国共产党领导的多党合作和政治协商制度、民族区域自治制度一并作为我国长期坚持的国家基本政治制度。基层群众自治制度是中国特色社会主义政治制度的重要组成部分,主要包括以农村村民委员会、城市居民委员会和企业职工代表大会为主要内容的基层群众自治体系。基层群众自治制度在制度形态上表现为一系列保证和推动基层民主发展的法律法规和党的文件,主要有:1998 年全国人大常委会通过的《中华人民共和国村民委员会组织法》;1989 年全国人大常委会通过的《中华人民共和国城市居民委员会组织法》、1999 年民政部制定的《全国社区建设试验区工作实施方案》、2000 年中共中央办公厅和国务院办公厅转发的《民政部关于在全国推进城市社区建设的意见》、2001 年民政部印发的《全国社区建设示范活动纲要》。同时《中华人民共和国全民所有制工业企业法》《中华人民共和国公司法》《中华人民共和国劳动法》《中华人民共和国工会法》等法律法规中关于企业职工代表大会的相关规定,构成了企业职工通过职工代表大会行使民主权利的法律依据和制度保证。基层群众自治制度为基层民主的发展提供了制度保证。

在基层群众自治制度的基础上,中国基层民主建设健康持续发展,为保障基层群众当家作主、推动社会基层治理、维护社会和谐发挥了积极作用。在这个过程中,中国的基层民主也不断展现出鲜明的民主特色和政治优势。

第一,基层民主发展的主导性。中国共产党是中国特色社会主义事业的领导核心,在基层民主发展的过程中同样也要发挥党的领导作用,从而保证基层民主沿着正确的方向发展。在推动农村村民自治、城市社区自治和企业职工代表大会发展的过程中,始终要坚持党的领导、在党的领导下来推进,正确处理好农村党支部与村委会、社区党支部与社区委员会、企业党委与企业工会之间领导与被领导的关系。基层民主只有坚持党的领导,才能有效避免基层民主发展中可能出现的自发性、盲目性、无序性,坚持党的领导是中国基层民主最鲜明的特色。

第二,基层民主主体的广泛性。在广大农村地区,亿万农民通过村民委员会来行使对村一级的公共事务和公共事业的管理、监督;在城市里,广大城市居民通过社区委员会来行使对社区生活中公共事务和公共事业的管理、监督;在企业特别是国有企业单位中,广大企业职工通过企业职工代表大会来行使对企业的经营管理和重大决策的参与权、监督权。基层民主同基层群众切身利益密切相关,在基层民主的发展过程中群众的参与度和参与热情非常高,基层民主是人民当家作主最生动、最广泛的一种形式。

第三,基层民主内容的直接性。在基层民主的具体实践中,人民群众就基层单位和社区的公共事务直接进行民主选举、民主决策、民主管理和民主监督。村民直接选举村委会,城市社区居民直接选举居委会,人民群众直接向基层自治组织反映自己的利益诉求,维护自身利益,直接参与基层公共事务和公共事业的管理,直接行使监督权。由此可见,人民群众的参与权、知情权、决定权、监督权等民主权利在基层民主的实践中得到了最真实、最直接的体现。

第四,基层民主制度的规范性。基层民主的健康持续发展在很大程度上取决于基层民主制度建设,制度带有根本性、稳定性和长期性。中国的基层民主发展已经逐步走上了规范化、制度化和法治化发展的轨道。支撑和保障基层民主健康持续发展的基层群众自治制度,已经被作为中国特色社会主义政治制度的重要内容写进了全国党代会的报告中;《中华人民共和国村民委员会组织法》《中华人民共和国城市居民委员会组织法》《中华人民共和国全民所有制工业企业法》《中华人民共和国工会法》以及中办国办转发的《民政部关于在全国推进城市社区建设的意见》等法律法规和党的文件,为基层民主的发展提供了法律依据和制度保障。因此,我国的基层民主是一种制度化、可持续发展的基层民主。

第五章 从制度比较中提升政治制度自信

中国特色社会主义政治制度是中国近现代以来社会历史发展的产物、在中国特色社会主义现代化建设的实践中表现出明显的制度绩效、在民主理论谱系中也不失为一种具有鲜明中国特色的民主模式,这是中国特色社会主义政治制度自信的客观基础和基本前提。但是,中国特色社会主义政治制度自信的形成以及巩固的过程绝不是一个自然而然的历史过程,而是人们有意识着力塑造和不断提升的结果。提升中国特色社会主义政治制度自信是一项复杂的社会系统工程,需要从多个方面进行着手。其中一个重要的工作就是坚持和遵循科学的比较方法,将中国特色社会主义政治制度放在更加宽广的政治视域中,同世界上主要国家的政治制度和政治发展模式进行全面的客观的系统的比较,在比较和鉴别中摒弃"制度他信"和"制度迷信",在比较中凸显中国特色社会主义政治制度的鲜明特色和优势,在此基础上不断增强对中国特色社会主义政治制度的自信。习近平总书记指出:"世界上不存在完全相同的政治制度,也不存在适用于一切国家的政治制度模式。'物之不齐,物之情也。'各国国情不同,每个国家的政治制度都是独特的,都是由这个国家的人民决定的,都是在这个国家历史传承、文化传统、经济社会发展的基础上长期发展、渐进改进、内生性演化的结果。"①

---

① 习近平.在庆祝全国人民代表大会成立 60 周年大会上的讲话[N].人民日报,2014 - 09 - 06.

第一节　坚持中国特色政党制度而不搞"两党制"和"多党制"

一、政党制度多样性是世界政党政治的常态

古希腊哲人曾经说：世界上找不出两片完全相同的树叶。这个简洁的表述揭示了一个最基本的事实和很深刻的道理，那就是事物的无限丰富多样性以及事物之间的差异性，这是事物存在和发展的一种基本状态。也正因为如此，这个世界才变得丰富多样和色彩斑斓。事实上，各国的发展道路和发展模式也具有丰富多样性和差异性。邓小平曾经在论及发展模式多样性和差异性时指出："世界上的问题不可能都用一个模式解决。"①政治模式作为一个国家发展模式的重要组成部分，也深深的打上了多样性和差异性的"烙印"。其中，政党制度和政党政治就具有鲜明的差异性和多样性，当代西方发达资本主义国家例如英国、美国、法国，它们的政党制度就具有显著的差异性。

（1）英国的两党制及其形成过程

英国实行两党制，即由英国工党和保守党两个主要的政党进行政治竞争和轮流执政。在争夺议会（议会下院）议员席位的大选中，获得多数议员席位的政党成为执政党，执政党领袖出任首相并组阁执政，内阁集体向议会负责；获得少数议员席位的政党成为在野党和反对党。英国的两党制是英国资产阶级革命以及革命之后政治制度不断发展和完善的产物。

英国政党最初来源于议会下院内部分歧所形成的政治派别。在英国 17 世纪资产阶级革命时期，围绕是否坚决彻底的反对王权上，议会内部发生了"圆颅党"和"骑士党"分歧，"圆颅党"拥护国会，而"骑士党"则拥护国王。议会内部的这种分歧为以后议会内部的进一步分裂，形

---

① 中共中央文献研究室.邓小平文选：第 3 卷[M].北京：人民出版社,1993:261.

成比较稳定的议会内派别奠定了基础。1679年,议会在关于詹姆士二世王位继承权的问题上发生分歧。一部分代表资产阶级和新贵族利益的议员要求提高和加强议会权力,限制王权,取消具有天主教信仰的詹姆士二世的王位继承权,形成辉格党。一部分代表地主贵族和高级教士利益的议员,拥护君主特权,支持詹姆士二世继承王位,形成了托利党。议会内部的这两个派别相互攻击,并形成相对稳定的政治派别。尽管这时的辉格党、托利党在议会内部形成了明确的派别划分,但还不是真正意义上的政党,只是为后来真正意义政党的形成奠定了基础。

光荣革命之后初期,行政权掌握在国王手中,国王掌握了任命财政大臣等内阁要员,这时的政府还主要是王权政府。尽管这时议会也具有很大的权力,而且议会内部的辉格党与托利党也在活动,但由于议会以及议会内部活动的政党还不能左右内阁的去留,内阁还没有形成向议会特别是议会多数党负责的责任内阁体制,所以政党的政治功能是有限的,政党参与政治活动局限在议会内部的争吵上,现代意义上的政党及政党制度仍没有形成。

社会阶级结构的变化,是英国现代政党与政党政治形成的重要基础。18世纪60年代,英国掀起了工业革命,工业革命引起了社会阶级阶层结构的重大变化,土地贵族的地位和作用日益下降,而工商业资产阶级和无产阶级日益壮大。辉格党和托利党都面临着更新自己的依赖基础问题。在19世纪30年代,辉格党逐渐演变为代表英国工业资产阶级的政党,并改名为自由党。托利党演变成代表英国大垄断资本、大地主和贵族利益的政党,并改名为保守党。这时,两党尽管也存在代表利益的差别,但都是以资产阶级作为自己的阶级基础,表明议会内部由代表不同阶级利益而形成的政治派别裂痕及斗争,让位与同一阶级基础上的政治派别分歧。从此,这种分歧就建立在较为稳定的基础之上,这是英国由早期政党走向现代政党的重要社会阶级基础。

责任内阁制度的形成,是英国现代政党与政党政治形成的关键。

在乔治一世和乔治二世时期,沃波尔长期担任财政大臣,国王不过多过问和干预内阁,沃波尔成为实际上的政府首脑;乔治二世时期,配兰、诺思内阁出现集体辞职,奠定了内阁集体负责的体制;在维多利亚女王时期,议会权力大大加强、虚位君主开始出现,内阁向议会下院、特别是下院多数党负责体制的最终形成,标志着责任内阁制度的形成和完善。责任内阁的形成,在内阁、议会、议会多数党之间建立起了内在的逻辑关联,内阁要向议会负责,更受议会多数党左右,政党成为影响议会、左右内阁的重要力量。政党组阁执政的渠道和体制畅通,并且合法化制度化。另一方面,责任内阁制度的完善,也为反对党实行监督、影响政策,进行合法反对提供了合法的制度渠道。从而使得政党在制度化、规范化氛围中运作政治。这就形成了现代政党制度和政党政治。

议会外政党组织的建立,是导致英国现代政党与政党政治形成的保证。议会权力的加强,夺得在议会下院更多席位是上台组阁的关键。而由于1832年、1867年选举制度的改革,选民资格的限制和门槛进一步降低,更多的中下层人民拥有了选举权。在这种情况下,政党就需要走出议会,走向社会,走向民众,获得更多选民的支持。所以,建立政党的全国性以及各级地方组织,宣传政党党纲和政策,宣传动员选民,就成为政党自身建设和完善的重要内容。1832年5月,保守党建立了"卡尔登俱乐部"作为党的最高组织机构;1835年,在"卡尔登俱乐部"中建立了保守党的中央委员会。自由党在1836年建立了"改革俱乐部",同样内设委员会行使中央常设委员会的职能。两党自19世纪30年代至70年代先后建立了地方协会及地方组织,登记本党选民。政党组织机构的完善是政党政治和政党制度成熟的重要内容。随着工业革命的发展和工人阶级队伍的不断壮大,左翼政党工党开始崛起。从1924年开始工党取代自由党,与保守党轮流执政。

(2)美国的两党制及其形成过程

美国实行两党制,即由共和党和民主党两个主要的政党进行政治竞争和轮流执政。在总统大选中,获得多数选票(准确的说是多数选举人团票)的总统候选人成为美国总统,总统作为国家元首和政府首脑履行组阁执政职权,总统所在的政党成为执政党;在总统大选中落选的总统候选人所在的政党即成为在野党和反对党。美国的两党制是美国在建国之后政治制度不断发展和完善的产物。

美国在制宪会议时期,国会内部出现派别分歧,这为后来美国政党的产生奠定了基础。围绕制定联邦宪法、加强联邦中央政府的权力,形成了激烈的斗争和分歧,以麦迪逊、汉密尔顿、杰伊等为首的联邦党人竭力主张加强联邦中央政府的权威,实行关税保护政策,巩固新生的美利坚合众国。但以杰斐逊为代表的另一方从维护自由、民主的理想出发,认为应当给州以更多的自主权,不宜给联邦中央政府太大太多的权力,害怕强大的联邦中央政府会危害自由、民主,违背《独立宣言》的原则和革命初衷。但是《联邦宪法》获得了通过,联邦党人取得了胜利。

尽管美国开国总统华盛顿反对国会内部的派别斗争,但以汉密尔顿为首的联邦党人与主张民主自由的杰斐逊之间的矛盾和斗争一直存在。不过,在联邦建立之后,这种分歧和斗争具有了新的内容。1795年,国会中的民主共和党人举行了一次党的秘密会议,决定是否投票赞成与英国签订的《杰伊条约》,这是国会历史上召开的第一次党团会议,意味着党派在议会内开始进行协调并一致行动。政治派别由相互攻击变成了利用国会平台进行有组织的政党政治,这标志着民主共和党的形成。联邦党则继承了制宪会议时期的名称和政策主张。民主共和党和联邦党都还是比较松散的政治派别,都是《联邦宪法》的拥护者,都是资产阶级利益的代表者,但由于各自政策取向的不同,所依赖和支持的社会群体存在一定的差别。民主共和党的主要支持者是农民、南部拓荒者和其他下层人民;联邦党人的支持者主要在东部沿海各州,特别是东北部地区。民主共和党与联邦党人的分歧,实质上是关于美国建国方针的分歧,即中央政府与州政府之间、秩序与自由之间、工商业社会与农业社会之间、富豪阶层与下层人民之间、北部工商业与南部种植园经济之间等矛盾的集中体现。

1796 年华盛顿拒绝参加第三次总统选举。联邦党人提名约翰·亚当斯为总统候选人,民主共和党推举托马斯·杰斐逊为总统候选人,结果亚当斯当选。1800 年总统大选时,民主共和党全力以赴,决定改变在野党地位,杰斐逊号召"每个人都必须以他的钱袋和笔杆作出贡献",在各选区积极进行活动,由于竞选的需要,政党活动已经从议会内转向议会外。在纽约州,民主共和党组成核心会议,指导各县的选举;宾夕法尼亚和费城每个区县都设有党的委员会。而且这次大选,两党的国会核心会议第一次被作为总统候选人的提名机构。民主共和党提名杰斐逊、伯克为正副总统,联邦党提名亚当斯、平克尼为正副总统。由于汉密尔顿支持平克尼为总统候选人,联邦党的分裂为民主共和党获胜创造了条件。杰斐逊上台开创了总统兼任执政党领袖的先例,而且国家政权和平地从一个政党转移到另一个政党。这些都表明美国政治生活中政党制度的初步形成。由于民主共和党与联邦党都是代表资产阶级的政治团体,分歧只是在政策问题上,上台执政的民主共和党采用了许多联邦党的政策,加强与联邦党的融合。联邦党的影响越来越小,并于 1816 年瓦解;民主共和党执政到 1824 年,一党执政长达 24 年。

1824 年总统选举导致民主共和党分裂。当时民主共和党共有四名总统候选人,即安德鲁·杰克逊、约翰·昆西·亚当斯、亨利·克莱、威廉·克劳福德。由于四名候选人中没有一个得到超过绝对半数的选举人票,根据宪法规定,由众议院在得选举人票最多的前三名候选人中选出总统。克莱与亚当斯进行政治交易,支持亚当斯,结果亚当斯当选总统,任命克莱为国务卿。这次总统选举,杰克逊无论是在选民票还是选举人票都居第一位,但却落选,致使杰克逊及其支持者极为不满。1828 年,杰克逊另行建立民主党。反杰克逊的人则成立了国家共和党,1834 年改名为辉格党。都把目标放在总统选举上,形成了民主党与辉格党对峙和相对稳定的两党制。

1828年总统选举使美国的政党制度得到进一步的发展。在这次总统选举中,杰克逊取得了胜利。提名总统候选人的国会"核心会议"制度已经名存实亡,1831年反共济会党首创了由党的全国代表大会选举决定本党总统候选人的做法,从此作为制度固定下来;由于普选权的扩大,总统选举需要建立在更为广泛的民众基础之上,两党都利用各种媒介和渠道宣传各自的政策主张,吸引选民,攻击诽谤政敌;政党在组织上趋于完善和正规化,政党开始在选举中发挥作用。

由于奴隶制问题尖锐化,政党又进行了新的分化重组。1854年,大部分辉格党人和部分支持废奴政策的民主党分子联合起来,组建了共和党。1856年2月,共和党第一次全国代表大会召开,大会决定使党在各州的组织机构完善起来。共和党是北部工业资本家、中产阶级、工人、北部和西部小农、废奴运动者的广泛联盟。民主党成为南部奴隶主的利益代表。1860年共和党候选人亚伯拉罕·林肯当选总统,共和党成为执政党。内战更加巩固了其执政地位,并长期执政。19世纪60年代,美国终于形成了稳定的两党制,两党互相竞争总统职位,轮流执政,担当起组织选举、组阁执政、合法反对、在野监督等政治功能。

(3)**法国的多党制及其形成过程**

法国实行多党制,即法国有多个政党相互之间展开政治竞争,没有任何一个政党能够单独执政,而是由多个政党共同组成联合政府。法国的多党制是法国大革命后政治力量分化的产物。

法国大革命后曲折的政治发展历史为多党制的产生奠定了基础。1789年法国大革命爆发后,革命先后经历了第一共和国、第一帝国、波旁复辟王朝、七月王朝、第二共和国、第二帝国等历史阶段。在这个过程中革命与复辟、激进与保守、"反法同盟的"干涉与反干涉此起彼伏,从而形成了各种各样有组织的政治派别,诸如雅各宾派、吉伦特派、沼泽派、山岳派、平等派、忿激派、正统派、四季社、秩序党、共和派、激进派等,虽然它们还不是现代意义上的政党,但为后来政党的建立以及多党制的形成奠定了基础。

法兰西第三共和国的建立标志着法国资产阶级革命任务的最终完成,同时也为建立政党、开展政党政治建立了基础。1879 年 10 月,法国第一个工人阶级政党即法国工人党成立。之后又出现许多工人政党和社会主义团体,先后形成了法兰西社会党(1901 年成立)、法国社会党(1902 年成立),法国社会党在第三共和国时期曾多次参加政府。第三共和国时期的主要执政党是 1901 年成立的资产阶级政党即法国激进社会党。20 世纪 20 年代,法国出现了法兰西行动、火十字团等法西斯团体。为了反击法西斯势力,1935 年法国社会党、法国激进社会党、法国共产党等组成法国人民阵线。

第二次世界大战后法国恢复和建立了大量政党并确立起相对成熟和稳定的多党制。法兰西第四共和国实行议会内阁制,议会决定政府的存亡,而议会选举则实行比例代表制,从而形成松散的党派联盟轮流执政。为了改变总统权力衰微、政府松散的问题。1958 年戴高乐总统改革政府体制,提高总统权限,降低议会地位,改革选举制度。从而使政党制度和政党政治出现以下变化:总统、总理和国民议会议长属于同一政党或同一政党联盟;逐步形成两大派即左翼和右翼,以及四大党即法共、社会党、保卫共和联盟、法国民主联盟的政党格局;左、右两翼执政的主要政党在对内对外的某些政策上出现认同的迹象。法国的多党制和政党政治趋于定型和常态化。

二、中国特色政党制度是适合中国实际的政党制度

前面分析了英国、美国、法国政党制度的差异性,以及政党制度和政党政治形成、发展的历史。这为我们从比较政治制度以及比较政党学的角度深刻理解中国共产党领导的多党合作和政治协商制度的特色、优势提供了重要基础,为我们增强中国特色社会主义政党制度自信提供了坚实基础。1989 年 12 月 30 日,中共中央通过的《关于坚持和完

善中国共产党领导的多党合作和政治协商制度的意见》明确强调：我国实行的共产党领导、多党合作的政党体制是我国政治制度的特点和优点。它根本不同于西方资本主义国家的多党制或两党制，也有别于一些社会主义国家实行的一党制。

第一，世界各国政党制度和政党政治的差异性很大，中国共产党领导的多党合作和政治协商制度是具有中国特色的政党制度。在当代西方政党制度和政党政治研究中，一种习惯性的作法就是将政党制度简单的划分为一党制、两党制、多党制，便捷式的从政党数量以及政党之间的力量对比、政治行为方式和发挥政治作用的程度来"粗线条"的划分政党制度和政党政治的类型。但是，政党参与国家政权和公共政策的过程具有多样性和复杂性，政党之间的关系同样具有多样性和复杂性。在这个意义上，一党制、两党制、多党制的分析框架和理论范式无法深刻揭示政党制度和政党政治的丰富内容，一党制、两党制、多党制其实是一种抽象掉了政党关系和政党政治鲜活内容的抽象主义的政党分类及研究方法。实际上，政党制度和政党政治的类型呈现出"光谱"状，各国都有自己的政党制度和政党政治。中国的政党制度是中国共产党领导的多党合作制。中国政党政治的基本内容是：中国共产党是中国特色社会主义事业的领导核心，中国共产党是执政党；民主党派是参政党、议政党，发挥参政议政、建言献策和民主监督的政治作用。这是一种具有鲜明中国特色的社会主义政党制度。"中国共产党领导的多党合作和政治协商制度具有鲜明的中国特色，是世界政党制度之园中的一枝奇葩，该制度具有的历史价值和现实优越性，既增强了中国特色政党制度的吸引力，也增强了我们坚持这一制度的自信力。"[①]

第二，世界各国的政党制度和政党政治都是历史发展的产物，中国共产党领导的多党合作和政治协商制度是中国革命的历史产物。美国

---

① 辛向阳,陈建波,郑曙村.中国特色社会主义政治制度研究[M].北京:经济科学出版社,2013:111.

实行两党制,在美国政治竞选中民主党和共和党两个主要的政党进行竞争,形成所谓的"驴象之争";美国的两党制同总统制联系在一起,两党的政治竞争主要表现在每隔四年进行一次的总统争夺战上。美国建国之后在应对诸如是否要加强联邦中央政府权力、是否要废除黑奴制和庄园制等问题的过程中,政治力量和政治派别出现分化,美国的两党制随即产生。英国尽管也实行两党制,但是英国两党制的产生和发展与英国资产阶级革命时期新兴资产阶级与土地贵族旧势力的冲突,以及革命后工业资产阶级与垄断资产阶级的矛盾联系在一起。法国的多党制则源于法国大革命激进、曲折的革命历史进程。由此可见,世界各国的政党制度和政党政治之所以差异性很大,则源于各个国家独特的革命道路以及革命过程中阶级力量、政治力量的结构对比,政党制度和政党政治不是随心所意"选择"的结果,中国的政党制度也不例外。在新民主主义革命中,中国工人阶级作为先进阶级成为革命的领导阶级,中国共产党作为中国工人阶级政党是整个革命进程的领导者。农民阶级是革命的主力军,小资产阶级、民族资产阶级是革命的同盟军。民主党派作为代表小资产阶级和民族资产阶级利益的政党,在抗日战争、解放战争中做出了自己应作的贡献。在中国共产党的领导下,各民主党派和中国共产党一道参与新中国国家政权建设,中国共产党领导的多党合作和政治协商制度就是在这样的背景下形成的。社会主义改造完成后,民主党派所依赖的小资产阶级、民族资产阶级不复存在,民主党派联系社会一部分特定阶层和群众并发挥民主协商、参政议政的政治功能。中国共产党领导的多党合作和政治协商制度成为具有中国特色的社会主义政党制度,并在改革开放中不断趋于成熟和完善。正如邓小平所说:"在中国共产党的领导下,实行多党派的合作,这是我国具体的历史条件和现实条件所决定的,也是我国政治制度中一个特点和优点。"①

第三,民国初年的多党制历史悲剧其教训不可谓不深刻,我们要始终坚持中国共产党领导的多党合作和政治协商制度。西方主要资本主义国家实行两党制或多党制。那么两党制、多党制在中国究竟能不能行得通呢? 有些人觉得这是一个没有经过实践检验的、纯粹属于理论上的争论。而事实上,民国初年多党制曾经在中国就进行过"政治实验"。辛亥革命之后,在走西方国家议会民主制道路的浪潮下,各种各样的政党如雨后春笋般涌现。"集会结社,犹如疯狂,而政党之名,如春草怒生,为数几至近百。"②据统计,从辛亥革命到民国二年,全国出现的"党""会"之类的政治团体就多达 320 个。其中有一定力量的政党就有30 多个,其中最大的政党是国民党、统一党、共和党和民主党。按当时《国会组织法》的规定,参议院议员 274 名,众议院议员 596 名,合计 870名。1912 年 12 月至 1913 年 3 月举行第一次选举,国民党 392 人当选两院议员,共和党获两院议员 175 名,统一党、民主党各获 24 名,跨党者 185 人,无党派 70 名。国民党选举胜利激怒了袁世凯,袁世凯派人暗杀宋教仁并胁迫议员选举他为民国大总统。曹锟 5000 大洋 1 票进行贿选,黎元洪参加 9 个政党,伍廷芳则在 11 个政党挂名。混乱的政党政治不仅没有带来政治清明、国泰民安,而由于各党派的争夺倾轧引致军阀混战、民不聊生。梁启超批评道:"乃各杂以私见,异派因相倾陷破坏,而同派之中,亦往往互相忌刻,势若水火,……此种现象实非好兆,亡国之根,即在此耳。"民国初年的这场以失败而告终的多党制"政治实验"和"闹剧"给我们上了极为深刻的一课。历史的悲剧不该也不能重演,两党制、多党制在中国过去行不通,当前和今后也依然行不通。

---

① 中共中央文献研究室.邓小平文选:第 2 卷[M].北京:人民出版社,1994:205.
② 善哉.民国一年来之政党[J].国是,1913(1).

第四,中国的政党制度和政党政治具有明显的比较优势,我们要始终坚持中国共产党领导的多党合作和政治协商制度。两党制和多党制必然会导致"否决政治"和"反对政治"的问题大行其道。在大选中获胜的政党成为执政党,而选举中败北的政党则成为在野党和反对党,反对党总是利用各种可能的机会和平台对执政党进行"骨头里面挑刺",其目的就在于不能让执政党好好的执政,而是想方设法将执政的对手"搞臭",从而实现下一个大选年能够"反客为主",这种政党游戏规则导致了大量的政治"内耗"。例如 2008 年民主党在大选中获胜成为美国的执政党,奥巴马政府试图通过实施医改政策来扩大政府开支、刺激经济、增加就业,但是共和党在众议院占多数席位,致使奥巴马政府在第一个任期内无法如愿以偿。中国的政党制度和政党政治具有明显的比较优势,中国共产党是中国特色社会主义事业的领导核心、是执政党,中国共产党与民主党派之间的合作形成的是"协商政治"。这种合作、协商的政党关系和政党政治模式能够汇聚成强大的政治"合力",在代表和汇聚社会各方面利益、维护政治团结和社会稳定、制定国家中长期发展战略规划方面表现出显著的优势。这种优势在改革开放 30 多年中国的快速发展和社会稳定中得到了最充分的佐证,而不少照搬西方国家两党制、多党制的发展中国家陷入长期的贫困、动荡和战乱则更凸显出中国特色社会主义政党制度和政党政治的比较优势。

第五,中国共产党在政党比较中具有明显的比较优势,我们要始终坚持中国共产党领导的多党合作和政治协商制度。对政党制度和政党政治的比较研究只将目光集中在政党制度和政党关系上是不够的,因为政党制度、政党政治的主体就是政党本身,政党自身的阶级性质、纲领目标、组织纪律等内容不仅对政党自身行为和发展具有重要意义,而且对于政党制度和政党政治也具有深远影响。政党制度的优势不仅仅表现在政党制度自身的先进性上,而且还集中体现在政党自身的先进性上。西方政党理论一般认为两党制要比多党制更具有优势,"直接优势之一,是两党制使选民可以在两套不同的公共政策中作出明确的选择。直接优势之二,是两党制能起到缓和作用,因为两大党不得不为了获得位于政治光谱中央的浮动选民的支持而展开竞争,并因此而采取温和的、中间立场的政策。"①阿伦·利普哈特则认为两党制未必具有上述优势,指出:"如果两党的纲领都接近于政治光谱的中央,它们就会十分相似,因而就不能给选民提供一个有意义的'选择',反倒更像彼此的'回声'。"②实际上,与其抽象的讨论两党制与多党制孰优孰劣,还不如去审视政党本身。西方主要资本主义国家的政党,无论是活动于两党制还是多党制"政治场域",实质上都是资产阶级政党,根本上代表着资产阶级利益,一般都是组织松散、以选举为直接目的。中国共产党是中国工人阶级的先锋队、同时是中国人民和中华民族的先锋队,是以马克思主义先进理论为指导思想、以实现共产主义为最高奋斗目标、以中国社会各阶级阶层中的先进分子为组成成员、以民主集中制为组织纪律的政党。中国共产党在指导思想、奋斗目标、党员组成、组织纪律等方面具有比较优势,坚持中国共产党的领导是中国特色社会主义最本质特征和最大政治优势,从而使中国共产党领导的多党合作和政治协商制度具有了鲜明政治优势。因此,我们要始终自觉坚持中国共产党领导、坚持中国共产党领导的多党合作和政治协商制度。

第二节 坚持人民代表大会制度而不搞"三权分立"

一、三权分立的"前世今生"

在西方政治学理论中,关于分权和权力制衡的思想源远流长,古希

①　阿伦·利普哈特.民主的模式:36 个国家的政府形式和政府绩效[M].陈崎,译.北京:北京大学出版社,2006:44.

②　阿伦·利普哈特.民主的模式:36 个国家的政府形式和政府绩效[M].陈崎,译.北京:北京大学出版社,2006:45.

腊柏拉图在《理想国》中讲的"混合国家",亚里士多德在《政治学》中所讲的"混合政体",其实讨论的正是分权和权力制衡这一古老而又永恒的政治学问题。

近代资产阶级政治学说则将分权和权力制衡问题的研究推进到了"政治科学"的高度。17世纪英国的著名政治思想家洛克其所著的《政府论》中比较系统的阐述了分权和权力制衡的思想。洛克认为,国家或者说政府的权力可以划分为立法权、执行权和对外权,但在这三种权力中执行权和对外权"几乎总是联合在一起的",因此洛克对国家权力的划分准确的说应该是立法权和行政权的"两权分离"。立法权和行政权既有权力高低之别,但同时又相互制衡。立法权属于国家最高权力,行政权是从属于立法权的。"在一切场合,只要政府存在,立法权是最高的权力,因为谁能够对另一个人订定法律就必须是在他之上。"①"如果执行权不是属于同时参与立法的人,而归属任何其他地方,它显然是受立法机关的统属并对立法机关负责的,而且立法机关可以随意加以调动和更换。"②但是执行机关却有权召集和解散立法机关,制衡立法机关。"召集和解散立法机关的权力虽然属于执行机关,却并不使执行机关高于立法机关,而只是因为人类事务变幻无常,不能适用一成不变的规定,为了人民的安全而给以的一种委托。"③洛克的分权以及权力制衡学说从一个侧面反映了英国资产阶级革命胜利后初期的阶级力量、政治力量的实际情况。当时英国的资产阶级已经掌握了政权、控制了议会,但是封建势力仍然不小,国王仍掌控行政权。洛克的学说同削减和限制王权的具体措施是完全一直的,并为资产阶级议会掌握国家最高权力进行理论辩护。

---

① 洛克.政府论(下篇)[M].叶启芳,瞿菊农,译.北京:商务印书馆,2004:92.
② 洛克.政府论(下篇)[M].叶启芳,瞿菊农,译.北京:商务印书馆,2004:93.
③ 洛克.政府论(下篇)[M].叶启芳,瞿菊农,译.北京:商务印书馆,2004:95.

　　18 世纪法国著名政治思想家孟德斯鸠在其所著的《论法的精神》中系统的提出了三权分立、权力制衡的思想。孟德斯鸠认为,政治自由是国家的每个公民有权利去做法律许可的一切事情,但是权力很容易被滥用,只有对权力进行制约才能保障公民的政治自由。"一切有权力的人都容易滥用权力,这是万古不易的一条经验。有权力的人们使用权力一直到遇有界限的地方才休止。"[①]"从事物的性质来说,要防止滥用权力,就必须以权力约束权力。"[②]依据这样的理论基础,孟德斯鸠认为一个国家的立法权、行政权、司法权三种权力必须要分开,并且形成相互制衡的权力关系,权力才不会被滥用,公民的政治自由才能得到保证。"当立法权和行政权集中在同一个人或同一个机关之手,自由便不复存在了;因为人们将要害怕这个国王或议会制定暴虐的法律,并暴虐地执行这些法律。如果司法权不同立法权和行政权分立,自由也就不存在了。如果司法权同立法权合而为一,则将对公民的生命和自由施行专断的权力,因为法官就是立法者。如果司法权同行政权合而为一,法官便将握有压迫者的力量。"[③]孟德斯鸠认为,立法权应该由人民集体享有,行政权应该由国王掌握,司法权应该由人民阶层中的不确定性人员来担任。孟德斯鸠的这种三权分立、权力制衡的思想反映了法国大革命前夕日益强大的资产阶级试图与封建旧势力分权的政治诉求,但是由于种种原因,孟德斯鸠的三权分立及其制衡的"政治理想"未能在法国变成现实。

　　在当今世界近 200 个国家中,美国可能是唯一实行"三权分立、两两制衡"政治模式的国家。根据 1787 年美国宪法的规定,国会享有立法权,总统享有行政权,联邦最高法院享有司法权。美国国会实行两院

---

①　孟德斯鸠.论法的精神(上篇)[M].张雁深,译.北京:商务印书馆,2004:184.

②　孟德斯鸠.论法的精神(上篇)[M].张雁深,译.北京:商务印书馆,2004:184.

③　孟德斯鸠.论法的精神(上篇)[M].张雁深,译.北京:商务印书馆,2004:185－186.

制即参议院和众议院,参议院由各州议会选出,每州 2 个名额,任期 6 年,每 2 年改选 1/3;众议院由选民直接选举产生,每个州的议员名额按州人口进行分配,议员任期为 2 年。法律由两院通过和总统批准后即可生效;征税法案只能由众议院提出;财政预算开支须经众议院批准。总统任命内阁官员、驻外大使与其他行政官员必要取得参议院的建议与认同,众议院拥有弹劾包括总统在内的行政官员与法官的权力,参议院则负责复核所有的弹劾提议。总统由选民间接选举产生,是国家元首、行政首脑和军队统帅。美国总统可行使议案否决权来控制国会,但参众两院若各有 2/3 的票数反对,该议案否决权无效;总统有权命令参众两院召开紧急会议。总统有权提名并在听取参议院的建议和认同后任命联邦最高法院大法官。联邦最高法院是最高司法机关。法官由总统任命,但需要得到参议院的同意,终身任职;联邦最高法院行使最高的司法审判权和违宪审查权。

美国的"三权分立、两两制衡"的政治模式是美国独特的政治传统和政治发展道路的产物,世界其他国家无法"模仿"和"复制"。美国在独立战争之前是英国的殖民地,1607 年英国最早在北美建立第一个殖民据点詹姆斯城,从而拉开了英国在北美建立殖民地历史的序幕,截至到 1733 年英国相继在北美建立了 13 个殖民地。北美的历史准确的说"新大陆"被发现后的历史没有欧洲那样的王权专制的历史传统,一开始就浸染在资本主义自由精神萌发、传播的高起点上。倍受迫害的清教徒来到新大陆,带来并传播了资本主义民主精神。其中最有代表性的就是"五月花号公约"。1620 年 11 月 11 日,抵达新英格兰的首批清教徒签订了著名的"五月花号公约"。公约规定:"我们谨在上帝面前,对着这些在场的妇女,通过彼此庄严表示的同意,现约定将我们全体组成政治社会,以管理我们自己和致力于实现我们的目的。我们将根据这项契约颁布法律、法令和命令,并视需要而任命我们的应当服从的行政官员。"这样的一种政治传统和政治文化使得美国始终对"集权"表现出天然的"敏感"。独立建国之后,经过激烈争论终于通过了 1787 年宪法,通过"纵向集权"来加强联邦中央政府的权力。但是为了防止联邦中央政府权力加强后可能出现独断专行,就在联邦中央政府层面实行"横向分权",从而形成了三权分立、两两制衡的制度架构。"三权分立、两两制衡"的政治模式是美国独特的政治传统和政治发展道路上出现的一个政治"例外",当然也毫无疑问是数量统计学意义上的"少数"。世界上其他国家没有美国这样独特的政治传统和政治发展道路,因此也不可能实施"美国版"的"三权分立、两两制衡",如果非要"硬着头皮"去搞,结果必然是"东施效颦"而贻笑大方。民国时期国民党政府曾经一度发奋学习美国的"三权分立、两两制衡"政治模式,同时结合中国古代的考试制度和监察制度,轰轰烈烈地搞起了"五权宪法",结果是"画虎不成反类犬"!

实际上,"三权分立、两两制衡"并非一些所谓的"专家"和媒体所描述和宣传的那样"光鲜""实用"。立法权、行政权、司法权分别属于不同的国家机关,两两之间相互制衡,形成议而不决、决而不行,导致政治效率低下,从而形成典型的"掣肘政治"。而且这种"三权分立、两两制衡"的政治模式如果再同多党制或者两党制的政党制度联结在一起的话,政党之间的"反对政治"和"否决政治"就会延伸到国家权力机关中并合理合法的借助于权力分立和制衡来达到政党之间的"反对"和"否决"目的,那么分权制衡也就变成了政党之间的相互倾轧。邓小平指出:"我们讲民主,不能搬用资产阶级的民主,不能搞三权鼎立那一套。我经常批评美国当权者,说他们实际上有三个政府。"①美国近年来在应对经济金融危机、枪击案和枪支管制以及持续扩大的贫富差距等问题上表现出来的"无可奈何""手足无措"和"无所适从",再一次明白无误的告诉我们:美国的"三权分立、两两制衡"到底有什么样的政治优势!

---

① 中共中央文献研究室.邓小平文选:第 3 卷[M].北京:人民出版社,1993:195.

二、人民代表大会制度是适合中国国情的根本政治制度

前面对"三权分立、两两制衡"政治模式从理论和实践、历史和现实进行了深入分析,使得笼罩在"三权分立、两两制衡"身上的神秘光环逐渐褪去。这为我们始终坚持人民代表大会制度、坚持走中国特色社会主义政治发展道路以及增强中国特色社会主义政治制度自信具有重要作用。印度尼赫鲁大学狄伯杰教授认为,中国的人民代表大会制度自确立以来运行良好,近3000人的全国人民代表大会是世界上最大的立法机构,来自不同阶层的代表很好地体现了民意,全国人民代表大会为人民行使权力提供了有效平台。

第一,人民代表大会制度是人民当家作主的根本制度保证,在保障和实现人民当家作主方面具有比较优势。人民民主专政是我国的国体、也是中华人民共和国的国家性质,人民当家作主是中国特色社会主义民主的核心。人民通过直接选举和间接选举的形式产生人民代表,形成全国人民代表大会和各级人民代表大会。全国人民代表大会是国家最高权力机关,拥有立法权、决定权、任免权和监督权。中央国家行政机关、司法机关、审判机关的主要领导均由全国人大选举或任免,并接受全国人大的监督。地方政府各级行政机关、司法机关、审判机关的主要领导均由地方各级人大选举或任免,并接受各级地方人大的监督。全国人民代表大会的这种最高权力原则和选举原则体现的正是主权在民的政治原则。同时,人民具有广泛性和整体性的特点,人民的根本利益也具有整体性和一致性的特点,因此我国采用的是一院制的人民代表大会制度,通过人民代表大会来集中的、统一的体现人民当家作主。而"三权分立"制度则无法很好的体现和实现人民当家作主,因为没有一个集中的、最高的权力机构来体现"民意"和"人民的权力",在立法机构、行政机构和司法机构的相互"掣肘"和"扯皮"中,"民意"和"人民的权力"则往往被抛到了九霄云外。

第二,人民代表大会制度是同中国特色社会主义政党制度相适应的根本制度,在体现和实现党的领导和执政地位方面具有比较优势。现代国家的政治都同政党联系在一起,国家的根本制度设计在一定程度上同该国的政党制度、政党政治是密不可分的。西方主要资本主义国家实行两党制或多党制,这种党派之间的角逐和斗争必然延伸和体现在国家权力机构中。在实行"三权分立、两两制衡"的美国,政党之间的斗争往往借助于国会和总统分别掌控的立法权、行政权之间的"制约"和"反制约"来实现的,国会和白宫的政治主张分歧的后面经常隐隐约约地有民主党与共和党的党派分歧。在没有实行"三权分立、两两制衡"的英国和法国,政党之间的斗争则往往集中在议会的"上院"和"下院"之间,或者集中在议会"下院"的内部,从而形成无休无止的"讨论"和"争论",也正是在这个意义上,资本主义国家的议会才成了名副其实的"清谈馆"。中国共产党领导的多党合作和政治协商制度是有中国特色的政党制度,坚持中国共产党的领导和执政地位是中国特色社会主义政党制度的核心内容。全国人民代表大会通过立法将党的意志和政策上升、转化为国家法律法规,高效的贯彻落实党的重大发展战略和决策部署,这是西方国家的议会所不具有的优势。

第三,人民代表大会制度是支撑国家治理体系和治理能力的根本保证,在提升国家治理现代化方面具有比较优势。中国作为一个具有近十四亿人口的超大规模国家,同时又处在加速推进现代化发展的历史进程中,治国理政的艰巨性、复杂性是世界上任何其他国家都不能相比的。在治国理政的问题上,制度带有根本性、稳定性和长期性,而人民代表大会制度是最基础、最根本的制度。人民代表大会制度能够实现国家权力的集中和统一,既能保证中央集中统一的领导、又能充分调动和发挥地方的积极性主动性。在这个意义上,人民代表大会制度是国家治理体系中最基本、最重要的制度,也是国家治理能力的根本保障。"三权分立、两两制衡"则导致权力之间的相互"掣肘"、机构之间的相互"扯皮",从而形成极大的政治"内耗"和政治低效率,这也是当前美国所遇到的"治理危机"和体制性结构性问题。相比之下,人民代表大会制度在支撑国家治理方面具有明显的比较优势。邓小平指出:"我们实行的就是全国人民代表大会一院制,这最符合中国实际。如果政策正确,方向正确,这种体制益处很大,很有助于国家的兴旺发达,避免很多牵扯。"①2014 年 9 月 5 日,习近平总书记在庆祝全国人民代表大会成立 60 周年大会上讲话强调:"人民代表大会制度是中国特色社会主义制度的重要组成部分,也是支撑中国国家治理体系和治理能力的根本政治制度。"②

第三节　坚持民族区域自治制度而不搞"联邦制"

一、作为处理中央与地方关系的联邦制及其"适用条件"

中央与地方关系反映着一个国家在纵向上如何进行权力划分的问题,这是国家结构形式的重要内容。中央与地方关系是一个关系到民族团结、国家长治久安的重大政治问题。一般来说,国家结构形式可以划分为单一制和复合制两种。单一制国家结构形式指的是中央政府享有比较多的权力,地方政府的权力来源于中央政府的授权,地方政府的权力是具体列举出来的,而未被纳入地方政府权力范围的权力均属于中央政府。单一制国家结构形式也可以称之为中央集权,政府权力运行的轨迹是自上而下。复合制国家结构形式又可以根据中央政府与地方政府分权的具体情况而划分为邦联制与联邦制两种形式。邦联制当前在世界上已经不多见,因此一般在谈论复合制国家结构形式时大多说的就是联邦制。在复合制国家结构形式下,中央政府的权力来自于

---

① 中共中央文献研究室.邓小平文选:第 3 卷[M].北京:人民出版社,1993:220.

② 习近平.在庆祝全国人民代表大会成立 60 周年大会上的讲话[N].人民日报,
2014-09-06

地方的让渡,中央政府的权力是明确列举出来的。一个国家在国家结构形式上究竟是采用单一制还是联邦制,在很大程度上取决于国家的历史传统和现实情况。

美国在国家结构形式上实行联邦制,这与美国独特的历史传统分不开。独立战争之前,北美十三个殖民地从属于宗主国英国,没有完整的政府机构和统一的国家基础。独立建国后,首要的任务就是从争取独立转向国家政权建设,通过建立国家基本制度、完善政府机构使国家有效运转起来。

在独立战争中,出于统一力量、统一行动的需要,十三个殖民地开始走向联合,特别是 1776 年《独立宣言》发表后,十三个殖民地在名义和形式上已经是统一国家的组成部分。1777 年 11 月 15 日,大陆会议通过了《邦联条例》,并在 1781 年生效,《邦联条例》是北美殖民地建立统一国家的重要举动和里程碑。条例对邦联中央的权限进行了规定:"美利坚合众国"的最高权力机构是一院制的邦联大会,由各州分别选出 2 至 7 名代表组成,但在投票表决时,各州都只有一票表决权,国家不设元首,邦联大会休会期间,设立诸州委员会作为常设机构处理日常事务,诸州委员会中每个州只有一名代表,邦联大会设立外交部、财政部、陆军部、海军部和邮政管理部。但邦联中央的权力太小,而大部分权力掌握在各个州手中。一方面,各个州不论大小和人口的多少,都在邦联大会中拥有绝对平等的表决权,这是各个州具有很大独立性的重要表现,因为绝对平等的表决权分散了邦联中央政府的权力,阻止权力的集中和政府的效能。另一方面,征税、征兵、发行货币、对外贸易等权力都掌握在州的手中,对邦联中央通过的决议可以置之不理,有些州还公开宣布为共和国。邦联制下的美国,实际上是一个由十三个国家组成的松散联盟和"俱乐部"。之所以会出现这种情况,主要是由于战争需要殖民地走向统一、联合,建立统一国家;但是殖民地时期没有统一国家的历史,有的仅仅是与宗主国垂直联系而横向联系很少,自治传统源远流长;再加之人们深受英国专制统治之苦,对专制深恶痛绝并高度警惕,深害怕再出现集权、专制的中央权力。所以就采取了这种折中方案,既建立中央政府,又不让中央政府掌握太大的权力。

独立之后松散的邦联体制越来越不适应形势发展的需要。首先,在内战时期为了筹集军费,发行了许多政府公债,同时向外国大举借债,但独立后无力的中央政府没有征税权,难以兑现公债,也无法及时清偿外债,在这种情况下,加强中央政府的权力,增加税收就显得十分迫切。其次,独立之初的美国工业,特别是北部工业还处于幼稚阶段,还无法与欧洲各国进行抗衡,在这种情况下,发展资本主义工商业,对外需要关税保护政策,防止对国内工商业的冲击,对内则需要拆除各州的贸易壁垒,建立统一的国内市场,这也需要加强中央政府的权力。最后,建国初期,内外形势还很严峻,对共和国构成威胁。西部的印第安人经常侵袭白人;驻扎在西北边境的英国军队以及西南边境的西班牙军队虎视眈眈,对国家安全构成极大的威胁。

加强中央政府的权力成为主流,但也遭到一些反对。反对者主要是南方种植园主,害怕中央政府权力加强后,北方借助于联邦政府出台对其不利的政策,损害他们的利益;小州则深怕大州操控联邦,损害小州的利益。还有一些激进的民主、自由者,坚信各个州的高度自治是维持民主的重要举措,不愿加强联邦中央权力。双方进行激烈讨论,主张加强联邦权力的代表人物麦迪逊、汉密尔顿、杰伊等撰写、发表了一系列论文,后来编印成册即《联邦党人文集》。

1787年5月25日至9月15日,来自13个州的55名代表在费城召开制宪会议,经过激烈讨论通过了《1787年宪法》。1787年宪法确立了联邦制,加强了联邦中央政府的权力,财政权、征税权、货币权、外贸权、征兵权、司法权等以前属于州的权力收归到联邦中央政府手里。但各个州保留了相当大的权力,具有很大独立性,这是因为从权力的来源看,联邦中央的权力来自于各个州的权力让渡,权力流向是从地方向中央分权;联邦中央政府的权力是明确列举出来的,而未列举的权力默认为归属于州;各个州有自己的州议会,在不违背联邦宪法精神的前提下制定州法律;联邦中央政府和州的关系不是权力隶属意义上的上下级关系,州政府根据联邦宪法的规定自主处理州权限范围内的公共事务。

美国实行联邦制实际上与其独特的自治历史传统和自治政治文化分不开。在殖民地时期,英属北美殖民地根据英国王室的控制程度划分为三种殖民地统治形式。第一种是皇家殖民地,由英国国王派遣总督代表国王直接进行统治,一共有 8 个,即弗吉尼亚、马塞诸塞、纽约、新泽西、新罕布什尔、佐治亚、南卡罗来纳、北卡罗来纳。第二种是业主殖民地,由殖民地的业主(英王把北美大片土地"赏赐"给宠臣或大贵族,受地者被称为"业主")任命总督,再经由英王批准,一共有 3 个,即马里兰、宾夕法尼亚、特拉华。第三种殖民地是自治殖民地,总督由殖民地有产者选举产生,并报英王批准,自治殖民地有 2 个,即罗德岛、康涅狄格。皇家殖民地占主导地位,在参事会协助下进行统治。殖民地时期尽管英王亲自任命总督,但是由于大西洋自然阻隔和交通通讯限制,英国不可能对北美大陆进行有效的纵向控制,而十三个殖民地之间的横向联系又很松散,每一个殖民地都是一个相对独立的政治实体。这种状况使得地方自治的倾向和传统根深蒂固。自治的历史传统和政治文化奠定了美国人精神世界的底色和基调,对建国后美国走上联邦制政治发展道路产生了深远影响。

各个国家的历史传统不同、政治文化不同,因此在国家结构形式的选择上也必然会受到历史传统和政治文化的影响。中国自秦统一六国、实行郡县制、建立中央集权国家后,在两千多年的历史长河中尽管也有改朝换代的时候,但是无论是那朝那代均没有丢弃过中央集权制体制,而是不断的坚持和完善这一制度。也正因为中国古代很早就建立了中央集权制体制,所以中国很早就建立起了大一统的中央集权国家,并且在长时期里维持了国泰民安,也才能创造出辉煌灿烂的古代文明。在这样的历史过程中,也就形成了"大一统"、"天下归一"的政治文化。这是我们今天实行单一制国家结构形式、而不实行联邦制的一个重要原因。

历史传统和政治文化是任何一种制度和体制形成、发展的重要"土壤",离开自己的历史传统和政治文化去照搬另一种历史传统和政治文化下所孕育的制度,从来都不会成功。20世纪20年代的中国,一些地方的实力派提出了所谓的"联省自治"并掀起了轰轰烈烈的"联省自治"运动。事实上,在既没有自治传统又没有建立起中央集权的现代国家的情况下,所谓的"联省自治"也只不过是"军阀割据"的西洋化的更为时髦的"称谓"而已。通过一番"联省自治"的努力后,留下的却是一个更为严重的"军阀割据"和"军阀混战"的局面。

二、作为处理民族关系的民族联邦制及其"深刻教训"

联邦制在世界上还被一些多民族国家用来解决国内民族问题,从而形成民族联邦制。事实上,在民族平等、民族团结和民族共同繁荣发展的基础上建立统一的多民族国家是民族和睦和国家长治久安的根本保证。世界上一些国家用联邦制来解决国内民族问题基本上都不成功,而往往陷入民族隔阂、国家四分五裂的厄运。其中苏联和南斯拉夫就是最典型的反面"教材",教训不可谓不深刻。

苏联全称是"苏维埃社会主义共和国联盟"。1922年12月30日,俄罗斯苏维埃联邦社会主义共和国、乌克兰苏维埃社会主义共和国、白俄罗斯苏维埃社会主义共和国、外高加索苏维埃社会主义联邦共和国四国签署条约,成立苏维埃社会主义共和国联盟。1924年乌兹别克、土库曼两个苏维埃社会主义共和国加入苏联。1929年塔吉克苏维埃社会主义共和国加入苏联。1936年外高加索苏维埃社会主义联邦共和国解散,其构成单位格鲁吉亚、阿塞拜疆、亚美尼亚直接加入苏联。1936年12月,原属俄罗斯联邦的哈萨克、吉尔吉斯两个自治共和国改为苏维埃社会主义共和国并直接加入苏联。1940年8月摩尔达维亚苏维埃社会主义共和国加入苏联。1940年8月,波罗的海沿岸的立陶宛、拉脱维亚、爱沙尼亚三国也成为苏联的加盟共和国。苏联最终形成15个加盟共和国组成的联邦制国家。但是20世纪80年代末至90年代初,加盟共和国独立浪潮汹涌澎湃。1991年12月21日《阿拉木图宣言》签署,苏维埃社会主义共和国联盟宣告解散。

苏联的解体让世人震惊和痛惜,但苏联解体的深层原因的探究则更具有意义和价值。苏联解体这一重大事件固然是多方面原因综合作用的结果,但其中一个重要原因是苏联采用联邦制这一国家结构形式而未能解决好民族问题,各加盟共和国的独立要求和行动成了压垮苏联的"最后一根稻草"。苏联奉行的"双重主权原则"给苏联解体早早埋下了"祸根"。1922年苏联成立时就坚持和贯彻各加盟共和国独立自主原则,承认"每个加盟共和国都有退出联盟的权利"。1924年苏联第一部宪法规定:苏联是由各主权苏维埃共和国联合的联盟国家,各加盟共和国具有主权国家的地位。"双重主权原则"给各加盟共和国的民族分离主义者利用宪法规定的双重主权原则从事分离活动打开了方便之门。20世纪80年代末90年代初,戈尔乔夫倡导并实施所谓的"人道的民主的社会主义"和改革"新思维",从而为分离主义、分裂主义提供了适宜的政治"气候"和"机会",各加盟共和国利用被赋予的独立主权最终肢解了苏联。

历史的悲剧往往不是以单数形式出现,南斯拉夫则是另一个运用联邦制解决国内民族问题而使国家陷入绝境的又一个版本的"悲剧"。以铁托为首的南斯拉夫共产党及其武装力量在二战中成为南斯拉夫民族解放斗争的中流砥柱,击败法西斯后于1945年11月29日宣布成立南斯拉夫联邦人民共和国,在国家结构形式上实行联邦制,由塞尔维亚、克罗地亚、斯洛文尼亚、波斯尼亚—黑塞哥维那(波黑)、马其顿、黑山6个共和国组成。1963年南斯拉夫通过新宪法,并改国名为南斯拉夫社会主义联邦共和国。南斯拉夫社会主义联邦共和国由塞尔维亚、黑山、斯洛文尼亚、克罗地亚、波黑(波斯尼亚和黑塞哥维那)、马其顿6个共和国以及科索沃、伏伊伏丁那(伏伊伏丁)两个自治省组成。

20世纪80年代后,南斯拉夫国内各民族之间的冲突不断加剧,联邦制没有足够的能力维系民族和谐和国家统一,国家陷入分裂和战乱。1991年至1992年,斯洛文尼亚、克罗地亚、波黑(波斯尼亚—黑塞哥维那)、马其顿相继宣布独立。南斯拉夫社会主义联邦共和国1992年宣告解体,原南斯拉夫社会主义联邦共和国的塞尔维亚和黑山两个共和国于1992年4月27日宣布成立南斯拉夫联盟共和国。2003年2月4日,南斯拉夫联盟议会表决通过《塞尔维亚和黑山宪章》,塞尔维亚和黑山联邦国家宣告成立,南斯拉夫联盟共和国不复存在。2006年5月21日,黑山就是否维持单一国家、还是分裂为两个独立国家举行公投,独立派以55.4%的微弱优势决定终止与塞尔维亚的联邦关系。2006年6月3日,黑山议会正式宣布独立;2006年6月5日,塞尔维亚国会亦宣布独立,从而标志着南斯拉夫联盟的完全解体。2008年科索沃脱离塞尔维亚独立,但未获国际社会承认。这就是过去半个多世纪南斯拉夫走过的政治发展之路。南斯拉夫的明天和未来会怎样?南斯拉夫还能成为一个统一的国家吗?我们无从知晓。但是可以肯定的是:目前南斯拉夫确实是"散架"和"消失"了!

三、民族区域自治制度是民族团结和国家长治久安的根本保证

在多民族国家内部如何协调各民族与国家之间的关系、以及各个民族采取何种形式来实现和保障其民族权利,是处理国内民族问题和国家政权建设的一大难题,这也是多民族国家必须直面的问题。苏联和南斯拉夫采用联邦制来解决国内民族问题和国家政权建设问题,事实证明这条路是走不同的。中国没有照搬苏联的经验,而是根据马克思主义关于民族平等和民族团结的理论,结合中国民族问题的实际情

况,创造性地开创和确立了民族区域自治制度,把新中国确定为一个统一的多民族人民共和国,而不是多个民族的共和国联邦。1949年9月7日,周恩来在向政协代表作《关于人民政协的几个问题》的报告时指出:"今天帝国主义者又想分裂我们的西藏、台湾甚至新疆,在这种情况下,我们希望各民族不要听帝国主义者的挑拨。为了这一点,我们国家的名称,叫中华人民共和国,而不叫联邦。"①民族区域自治制度对于建设平等、团结、和睦、共同发展的社会主义民族关系,以及实现国家长治久安具有特别重要的意义。

第一,民族区域自治制度在保证民族平等和民族团结上具有比较优势。在一个多民族国家的内部,各个民族不分民族大小和人口多少,在政治地位上都是平等的,这是民族团结的重要前提。民族区域自治就是在国家统一领导下,按照《中华人民共和国民族区域自治法》和民族区域自治制度,各少数民族聚居的地方实行区域自治,设立自治机关,行使自治权。坚持民族区域自治制度、实行民族区域自治,体现了国家充分尊重和保障各少数民族管理本民族内部事务权利的精神,体现了国家坚持实行各民族平等、民族团结的原则。世界上一些国家用联邦制来解决国内的民族问题,往往导致民族隔阂、民族不平等和民族分裂。

第二,民族区域自治制度在保证国家统一和长治久安上具有比较优势。民族区域自治制度不仅为民族平等、民族团结提供了制度保证,而且从制度上保证了国家的统一和长治久安。民族区域自治是在国家统一的前提下各少数民族在所聚居区域实行的一种自治权利,是在单一制国家结构形式的前提下来行使民族区域自治权利,维护国家的统一和中央的权威是民族区域自治的政治前提。恩格斯曾经在《1891年社会民主党纲领草案批判》中论及当时德国"小邦分立"的状况时指出:

① 许崇德.中华人民共和国宪法史(上卷)[M].福州:福建人民出版社,2005:98.

"应当用什么东西来取代呢？在我看来,无产阶级只能采取单一而不可分的共和国的形式。"①世界上一些采用联邦制来解决国内民族问题,往往不仅未能真正实现民族平等,而且导致国家四分五裂。

第三,民族区域自治制度在推动民族繁荣和国家发展上具有比价优势。中华人民共和国建立以来特别是改革开放以来,伴随着中国经济的快速发展,少数民族地区的经济、政治、文化、社会、生态文明建设取得了辉煌成就,民族关系和睦、社会和谐稳定。在中国共产党的领导下,五十六个民族、十三多亿中国人民正在为实现国家富强、民族振兴、人民幸福的美好中国梦而努力奋斗! 这与当前世界上一些国家饱受民族分裂和社会动乱的痛苦形成了强烈的对比和反差。

第四节　坚持比较研究的正确立场与政治制度自信

一、走出政治制度比较的"西方中心论"陷阱

前面对中国共产党领导的多党合作和政治协商制度、人民代表大会制度、民族区域自治制度同国外的两党制多党制、议会制度、联邦制进行了深入比较,从而可以得出结论:中国共产党领导的多党合作和政治协商制度、人民代表大会制度、民族区域自治制度是在中国革命和建设的过程中历史形成的,传承了中国的政治传统和政治文化,适合中国国情,对当代中国发展和社会进步起着非常重要的支撑、保证作用。这为增强中国特色社会主义政治制度自信提供了宽广的比较视野。但是,仅仅从政治制度的比较上去审视中国特色社会主义政治制度的特色和优势还是不够的,还需要进一步在政治制度比较、比较政治学研究上建立起正确的比较立场和科学的评价标准,立足于正确的比较立场

① 中共中央马克思恩格斯列宁斯大林著作编译局.马克思恩格斯选集:第4卷[M].北京:人民出版社,1995:413.

和科学的评价标准则更能够坚定对中国特色社会主义政治制度的自信。

近代以来中国的国门被西方国家的坚船利炮打开，古老的中国面临着"千年未有之变局"，向西方发达资本主义国家学习、实现现代化也就具有天然的合理性、正当性和进步性。西方资本主义国家的思想理论、学术观点以及伴随着这些思想理论、学术观点的概念范畴和研究方法也一并进入中国。西方国家的政治学学说也是在这个时候传入中国的。在十月革命之前，中国向西方国家学习实际上就是向英、法、美等国家学习，现代化实际上就是"欧美化"，因此在政治制度的比较和政治发展问题的研究上，就是一切以欧美国家的政治制度为参照系和标准来找自己的差距和不足，就是一切向欧美国家的政治制度和政治发展模式看齐。政治制度比较的"西方中心论"色彩是非常明显的。这是在一种特定的历史条件下形成的政治制度比较的"西方中心论"陷阱。

改革开放以来中国越来越深的参与到经济全球化的历史潮流中，思想文化的交流、交融的广度和深度前所未有。这为从更加宽广的国际视野比较研究各个国家、以及全球性问题提供了历史条件，也为不同国家、不同文明的交流学习提供了更加便利的条件。但是在比较研究特别是政治制度的比较上"西方中心论"的色彩依然还很浓厚。例如，采用典型的"民主—专制""发达—落后""现代—传统"这样的"二分法"去简单比较不同国家的政治制度和政治发展，而且自认为发达资本主义国家就是政治上民主的、发达的、现代的国家，西方发达国家的政治制度就是其他国家政治发展的"目的地"和"归宿"。一些国外研究机构还依据欧美国家的政治现状和政治表现科学化的设计了所谓的民主"参数表"，依此来对世界各国的民主发展程度进行所谓的"测量"和"评级"。政治制度比较的"西方中心论"立场就隐藏在那些看起来很让人眼花缭乱的"参数表"里！

政治制度比较研究中的"西方中心论"陷阱必须得破除，因为"西方中心论"实际上是站在西方国家的政治立场上并以西方国家为参照系来进行所谓的比较研究。"西方中心论"不仅在比较研究的方法上显得十分"傲慢"和"偏见",而且霸权主义和强权政治这一实实在在的行动有时候往往紧随其后,动辄对其他国家的民主问题"指手画脚",或者在"为价值观而战"的幌子下"动手动脚"并赤裸裸的搞"政权颠覆"。2014年3月27日,习近平总书记在联合国教科文组织总部演讲时指出:"如果居高临下对待一种文明,不仅不能参透这种文明的奥妙,而且会与之格格不入。历史和现实都表明,傲慢和偏见是文明交流互鉴的最大障碍。"①当今世界特别是新世纪以来,世界多极化趋势加快发展,发展中国家特别是新型经济体的不断崛起,欧美国家在经济金融危机后出现的治理危机和民主困境,以及全球性治理问题的凸显,这都使得比较研究中的"西方中心论"价值立场逐渐走到了尽头。特别是中国特色社会主义现代化建设事业取得了辉煌成就,这为我们增强中国特色社会主义道路自信、理论自信、制度自信和文化自信,以及走出比较研究的"西方中心论"陷阱提供了现实基础。

既然世界各国的历史传统、现实国情差异性很大,各国选择不同的政治发展道路和政治发展模式也就再自然而然不过了,我们坚持中国特色社会主义政治道路、政治模式和政治制度也就再自然而然不过了。邓小平总书记指出:"我们的社会制度是根据自己的情况决定的,人民拥护,怎么能够接受外国干涉加以改变呢? ……要求全世界所有国家都照搬英、美、法的模式是办不到的。"②习近平总书记指出:"政治制度是用来调节政治关系、建立政治秩序、推动国家发展、维护国家稳定的,不可能脱离特定社会政治条件来抽象评判,不可能千篇一律、归于一

---

① 习近平.习近平谈治国理政[M].北京:外文出版社,2014:259.
② 中共中央文献研究室.邓小平文选:第3卷[M].北京:人民出版社,1993:359 - 360.

尊。在政治制度上,看到别的国家有而我们没有就简单认为有欠缺,要搬过来;或者,看到我们有而别的国家没有就简单认为是多余的,要去除掉。这两种观点都是简单化的、片面的,因而都是不正确的。"①制度在本质上是特定价值理念和意识形态的外化形式,政治制度蕴涵的核心价值是民主的理念,而基于历史和现实条件的不同,对于民主理念的不同理解和认知造成了当今世界民主制度的多样化特色,没有也不可能存在一个具有普世价值并在所有国家行之有效的民主模式。因此,中国立足于自己的历史传统和现实国情,始终坚持、发展、完善中国特色社会主义政治道路、政治模式和政治制度。

二、坚持科学的政治制度评价标准

政治制度比较研究的另一个重要问题是比较之后对于政治制度的评价及评价标准问题,因为比较研究总是要从价值判断上分出好坏优劣来的,否则比较研究就失去了应有的价值和意义。科学的评价标准不仅是科学比较的重要保证,也是增强和提升中国特色社会主义政治制度自信的重要基础。

究竟什么是好的政治制度、什么是不好的政治制度?区分和评价政治制度好与不好的标准究竟是什么?在这个问题上经常会陷入争论。事实上,评价一个国家的政治制度,不是抽象的去谈论政治制度本身,而是要看该制度对推动本国政治发展和政治文明进步程度中所起的作用。因此,离开特定国家或者特定国家的政治发展实际,超时空的一般的对政治制度进行所谓的评价往往是不得要领的。2013 年 3 月 23 日,习近平总书记在莫斯科国际关系学院演讲时强调:"'鞋子合不合脚,自己穿了才知道'。一个国家的发展道路合不合适,只有这个国

---

① 习近平.在庆祝全国人民代表大会成立 60 周年大会上的讲话[N].人民日报,2014 - 09 - 06.

家的人民才最有发言权。"①因此,评价一个国家的政治制度应该放在该国的政治发展实践中进行评价,那种以"救世主"和"裁判员"身份来评价其他国家的政治制度既没有"合法性"基础、也没有足够的"科学性"。

评价一个国家的政治制度关键要看其推动政治文明的进步程度。邓小平指出:"我们评价一个国家的政治体制、政治结构和政策是否正确,关键看三条:第一是看国家的政局是否稳定;第二是看能否增进人民的团结,改善人民的生活;第三是看生产力能否得到持续发展。"②习近平总书记在庆祝全国人民代表大会成立 60 周年大会上讲话强调:"评价一个国家政治制度是不是民主的、有效的,主要看国家领导层能否依法有序更替,全体人民能否依法管理国家事务和社会事务、管理经济和文化事业,人民群众能否畅通表达利益要求,社会各方面能否有效参与国家政治生活,国家决策能否实现科学化、民主化,各方面人才能否通过公平竞争进入国家领导和管理体系,执政党能否依照宪法法律规定实现对国家事务的领导,权力运用能否得到有效制约和监督。"③这些重要论述为我们开展政治制度的比较研究、科学评价政治制度提供了根本指导。建国以来特别是改革开放以来,在经济快速发展、社会结构深刻变化的条件保持了政治的长治久安,社会的和谐稳定。人民代表大会制度、中国共产党领导的多党合作和政治协商制度、民族区域自治制度、基层群众自治制度具有鲜明的中国特色和政治优势。

19 世纪法国著名政治思想家托克维尔在游历和考察美国之后写下了著名的《论美国的民主》,认为民主已成为浩浩荡荡的世界性潮流,同时理性而又冷静地指出:"如果读过我的这本书之后,断定我写此书的意图,是让已经具有民主的社会情况的国家全部仿效英裔美国人的

① 习近平.习近平谈治国理政[M].北京:外文出版社,2014:273.
② 中共中央文献研究室.邓小平文选:第 3 卷[M].北京:人民出版社,1993:213.
③ 习近平.在庆祝全国人民代表大会成立 60 周年大会上的讲话[N].人民日报,2014-09-06.

法制和民情,那他就大错而特错了。……我的目的,是想以美国为例来说明:法制,尤其是民情,能使一个民主国家保持自由。但我决不认为,我们应当照抄美国提供的一切,照搬美国为达到它所追求的目的而使用的手段,因为我不是不知道,一个国家的自然环境和以往经历,也对它的政治制度发生某种影响;而且,如果自由要以同样的一些特点出现于世界各地,我还觉得那是人类的一大不幸。"①在迈向现代政治文明的道路上,中国共产党领导人民探索出了一条适合中国国情的民主模式和政治制度。"中国式民主在当今世界是现实的存在,不论是否喜欢它都在那里以自主、自信的方式不断的发展和深化。作为一个人类历史上文明持续存在时间最长的国家,中国不需要也没有理由让外部力量来教育自己应该选择怎样的民主发展道路,在当今世界上,没有任何一个国家像中国这样在国家的发展和成长过程中高度重视和强调民主,并且取得了最好的民主建设成就,这也即是中国应该并且能够对自己的民主道路保持充足自信的理由所在。"②

---

① 托克维尔.论美国的民主(上卷)[M].董果良,译.北京:商务印书馆,2002:366-367.

② 刘杰,等.中国式民主——一种新型民主形态的兴起和成长[M].北京:时事出版社,2014:9.

第六章　从制度完善中提升政治制度自信

罗马不是一天建成的,任何制度都有一个不断发展和完善的过程,在这个过程中制度的优越性才能不断的展现出来,制度的这种自我完善和发展的能力恰恰表明了该制度具有强大的生命力。因此,一个国家的政治制度是否具有优势,不仅要看它在当前的作用,还要看它是否具有自我完善和发展的能力。中国特色社会主义民主、中国特色社会主义政治制度也将在社会主义改革中不断走向成熟和完善,并不断展现出优越性。邓小平指出:"我们的制度将一天天完善起来,它将吸收我们可以从世界各国吸收的进步因素,成为世界上最好的制度。"①习近平总书记指出:"中国特色社会主义民主是个新事物,也是个好事物。当然,这并不是说,中国政治制度就完美无缺了,就不需要完善和发展了。制度自信不是自视清高、自我满足,更不是裹足不前、固步自封,而是要把坚定制度自信和不断改革创新统一起来,在坚持根本政治制度、基本政治制度的基础上,不断推进制度体系完善和发展。"②改革开放以来,政治体制改革构成了当代中国波澜壮阔改革历史画卷中一道亮丽的"风景",政治体制改革不但推动了其他领域改革,而且支撑了社会全面进步。"在中国特色社会主义制度形成和发展的过程中,曾经多次展

---

① 中共中央文献研究室.邓小平文选:第 2 卷[M].北京:人民出版社,1994:337.
② 习近平.在庆祝全国人民代表大会成立 60 周年大会上的讲话[N].人民日报,2014－09－06.

示过自我完善和自我发展的功能。"①在社会主义改革和自我完善的过程中,中国特色社会主义政治制度的优越性已经而且还将继续展现出来,这将极大的增强人们坚持和发展中国特色社会主义政治制度的信心和决心。

第一节 当代中国政治体制改革及基本经验

一、当代中国政治体制改革的历程

当代中国的改革是全面改革,政治体制改革是改革的重要组成部分。改革开放一开始,尽快恢复党和国家正常的政治秩序、防止"文化大革命"悲剧重演则成为政治体制改革的切入点和着眼点。"文化大革命"十年浩劫,固然与毛泽东个人晚年错误和失误有关,但是更与我们党长期形成的民主集中制遭受破坏、个人迷信盛行有直接关系。民主集中制和集体领导体制遭到破坏,一言堂、家长制就会盛行,领导人个人出现错误和失误时就无法进行及时的有效的纠正,出现全局性、长期性失误也就无法从根本上避免。因此,迫切需要恢复和健全党的民主集中制、恢复生动活泼的政治局面,为改革开放和现代化建设提供政治保证。

1978年12月13日,邓小平在中央工作会议闭幕会上讲话指出:"当前这个时期,特别需要强调民主。因为在过去一个相当长的时间内,民主集中制没有真正实行,离开民主讲集中,民主太少。"②发扬社会主义民主是解放思想的重要先决条件。1979年1月1日,邓小平在全国政协举行的座谈会上讲话指出:"我们在过去一个相当长的时间里,在民主和集中的关系上搞得不好,民主少了一些,因此,我们要发扬民主。"③1980年邓小平在接受意大利记者奥琳埃娜·法拉奇采访被问及如

① 张博颖.中国特色社会主义为什么行? [M].天津:天津人民出版社,2014:118.
② 中共中央文献研究室.邓小平文选:第2卷[M].北京:人民出版社,1994:144.
③ 中共中央文献研究室.邓小平文选:第2卷[M].北京:人民出版社,1994:155.

何避免和防止"文化大革命"悲剧时说："这要从制度方面解决问题。……现在我们要认真建立社会主义的民主制度和社会主义法制。只有这样，才能解决问题。"①1980年8月18日，邓小平在中央政治局扩大会议上作《党和国家领导制度的改革》的报告，邓小平在报告中谈到了当时政治体制中存在的种种弊端和问题，而且提出了进行政治体制改革的紧迫性。邓小平指出："从党和国家的领导制度、干部制度来说，主要的弊端就是官僚主义现象，权力过分集中的现象，家长制现象，干部领导职务终身制现象和形形色色的特权现象。"②邓小平的这篇讲话实际上吹响了当代中国政治体制改革的号角。

　　1984年党的十二届三中全会后改革重点从农村转向城市，在发展"社会主义商品经济"的指引下经济体制改革不断走向深化。经济体制改革的深化迫切需要政治体制改革与之相配合，迫切需要建立与经济体制相适应的政治体制，政治体制改革全面展开，政治体制改革的着眼点也从恢复政治秩序向建立中国特色社会主义政治体制和运行机制转变。1986年前后，邓小平在多种场合下强调政治体制改革的必要性、重要性和迫切性。邓小平指出："不搞政治体制改革不能适应形势。改革，应该包括政治体制的改革，而且应该把它作为改革向前推进的一个标志。"③"我们提出改革时，就包括政治体制改革。现在经济体制改革每前进一步，都深深感到政治体制改革的必要性。不改革政治体制，就不能保障经济体制改革的成果，不能使经济体制改革继续前进，就会阻碍生产力的发展，阻碍四个现代化的实现。"④根据邓小平关于政治体制改革的重要论述和精神，1987年党的十三大报告对政治体制改革进行了系统阐述，不仅明确规划了政治体制改革的长远目标和近期目标，而

---

① 中共中央文献研究室.邓小平文选：第2卷[M].北京：人民出版社,1994：348.
② 中共中央文献研究室.邓小平文选：第2卷[M].北京：人民出版社,1994：337.
③ 中共中央文献研究室.邓小平文选：第3卷[M].北京：人民出版社,1993：160.
④ 中共中央文献研究室.邓小平文选：第3卷[M].北京：人民出版社,1993：176.

且对政治体制改革的内容进行了谋划布局。

20世纪80年代末90年代初,国际上发生了东欧剧变、苏联解体,国内也发生了社会动荡。在这种情况下,维护国家和社会的稳定就成了改革发展的首要任务,稳定压倒一切,政治体制改革开始调整路径选择并在务实、稳妥的基础上来推进政治体制改革。1992年党的十四大明确提出经济体制改革的目标是建立社会主义市场经济体制,政治体制改革走出了单纯否定传统政治体制弊端而寻求改革动力的路子,建立社会主义市场经济要求上层建筑、政治体制进行改革,从而使政治体制改革具有了现实的、持久的推动力。1997年党的十五大明确提出依法治国、建设社会主义法治国家的治国方略和战略任务,以法治建设为切入点和抓手来推进政治体制改革、完善政治制度和体制机制。

新世纪以来我国政治体制改革和社会主义政治文明建设的一个突出特点是加强党的建设并依此来推动当代中国政治发展。中国共产党是中国特色社会主义事业的领导核心、中国共产党同时又是中国的执政党,办好中国的事情关键在于把党的建设搞好。不断完善党的领导方式和执政方式,不断提高党的领导水平和执政能力,这本身就是当代中国政治体制改革和社会主义政治文明建设最核心、最重要的内容。提出"两个先锋队",即中国共产党是中国工人阶级的先锋队,同时又是中国人民和中华民族的先锋队,"两个先锋队"不仅保持了党的阶级基础和纯洁性、而且扩大了党的群众基础和社会基础。不断推进党内民主和执政能力建设。特别是党的十八大以来,以习近平总书记为核心的党中央从"打铁还需自身硬"的角度出发,全面从严治党,将党的建设推进到一个新的水平。

二、政治体制改革的主要成就

改革开放三十多年来中国的经济体制改革取得了重大成就,在经济体制改革的过程中解放和发展生产力。同经济体制改革及其取得的成就相比,中国的政治体制改革及其成就毫不逊色,并不像一些国内外所谓的"专家"和"观察家"所说的那样:"中国只有经济改革而没有政治改革"、"中国的政治体制改革几乎没有什么成就"。针对这些论调,2012年12月初,习近平总书记在广东考察工作时指出:"我们的改革历来就是全面改革。我不赞成那种笼统认为中国改革在某个方面滞后的说法。在某些方面、某个时候,快一点、慢一点是有的,但总体上不存在中国改革哪些方面改了,哪些方面没有改。问题的实质是改什么、不改什么,有些不改的、不能改的,再过多长时间也是不改,这不能说不改革。"①其实,一些比较客观和中肯的海外中国问题研究专家也不否认当代中国政治体制改革及其成就。例如,美国著名中国问题专家沈大伟(David L. Shambaugh)在其所著的《中国共产党:收缩与调适》一书中就明确指出,那些认为"中国没有进行任何政治改革"的西方学者和记者是错误的,中国的政治体制改革是"渐进和难以觉察的改革","中国共产党对于转变成西方甚至亚洲国家的多党竞争的民主制度毫无兴趣,它的主要目标是加强自己的执政地位。"②事实上,当代中国一直在进行政治体制改革,而且在政治体制改革上取得了不少成绩。政治体制改革的成就主要体现在以下几个方面。

(1)废除干部领导职务终身制

由于历史与现实等多种复杂原因,社会主义国家在很长一段时间里存在着事实上的干部领导职务终身制。废除干部领导职务终身制,实现新老干部交替的规范化有序化,这是我国政治体制改革所取得的一项重大成就。

干部领导职务终身制严重影响了政府活力和政府效率。行政管理

①　中共中央文献研究室.习近平关于全面深化改革论述摘编[M].北京:中央文献出版社,2014:32-33.

②　沈大伟.中国共产党:收缩与调适[M].吕增奎,王新颖,译.北京:中央编译出版社,2011:3.

学理论和研究表明,一套完善的干部录用、奖惩、晋升、离退制度是维持政府稳定、保持政府活力和效率的重要制度安排,这也是近现代公务员制度兴起、确立的理论基础。干部领导职务终身制阻塞了科学的干部任用和流通渠道。同时,干部领导职务终身制的存在必然造成人员臃肿、机构庞大、效率低下。邓小平指出:"老的不腾出位子,年轻的上不了,事业怎么能兴旺发达。"①

干部领导职务终身制不利于发展社会主义民主。选举制、任期制作为对世袭制、终身制的否定,从而成为现代民主政治的重要外在形式。干部领导职务终身制与发展社会主义民主不适应,而且终身制必然会形成个人集权,助长家长制作风和特权现象,影响和制约民主法制建设。无论是从理论角度分析,还是从实践经验看,干部领导职务终身制的弊端都不少。鉴于干部领导职务终身制的种种弊端,邓小平在改革开放一开始就下定决心要解决干部领导职务终身制问题。

在废除干部领导职务终身制上,邓小平以身作则、率先垂范。1977年7月党的十届三中全会恢复了邓小平的中共中央副主席、国务院副总理、中央军委副主席、中国人民解放军总参谋长的职务。在1977年8月召开的中国共产党第十一次全国代表大会上,邓小平当选为中共中央副主席。1978年3月,邓小平当选为第五届全国政协主席。1981年6月党的十一届六中全会,邓小平被选为中央军委主席。1982年十二届一中全当选为中央政治局常委,并决定邓小平任中央军委主席职务。1989年11月,在党的十三届五中全会上,邓小平辞去中央军委主席的职务。1990年3月,第七届全国人大第三次会议接受邓小平辞去中华人民共和国中央军事委员会主席职务,实现了他从领导岗位上完全退下来的夙愿。邓小平为废除干部领导职务终身制树立了榜样,发挥了示范带动作用。

---

① 中共中央文献研究室.邓小平文选:第3卷[M].北京:人民出版社,1993:92.

为平稳的废除干部领导职务终身制,1982 年党的十二大选举产生了中央顾问委员会,在中央顾问委员会第一次全体会议上邓小平当选为主任。中央顾问委员会的设立并让老干部进入中顾委发挥顾问作用,为废除干部领导职务终身制作出了积极贡献。但是中央顾问委员会只是过渡性机构,1992 年党的十四大解散中央顾问委员会,从而建立起健全的领导干部离退休制度。改革开放以来不仅废除了干部领导职务终身制,而且逐步使领导干部新老交替走上了规范化、有序化的发展轨道,这对于保证政局稳定和国家长治久安具有特别重要的意义。

（2）党政关系走向规范化制度化

政党与政府的关系简称党政关系,在党政关系中最具有意义和价值的是执政党与政府的关系,一般所说的党政关系指的就是执政党与政府的关系,即执政党通过何种途径、方式和程序来组织政府,领导国家政治生活。在我国的国家政治生活中,中国共产党是拥有宪法性领导地位和执政地位的政党,中国共产党通过政治领导、思想领导、组织领导来对国家和社会进行领导。改革开放前我国形成了党政不分、以党代政的党政关系,这既不利于发挥党的领导作用,同时也不利于提高政府效率,党政关系改革成为当代中国政治体制改革的重要内容。在政治体制改革中,逐渐解决了党政不分、以党代政的问题,实现了党政职能分开并使党政关系逐步走向规范化、制度化。

中国共产党领导地位和执政地位是历史的选择、人民的选择。在中国现代化发展过程中,中国共产党领导中国人民进行新民主主义革命,中国共产党领导革命并建立了中华人民共和国。同时,中国作为一个后发现代化国家,现代化发展需要强大的政治体系进行社会动员和政治整合,妥善处理经济发展与社会稳定、政治秩序与政治民主之间的紧张关系。中国共产党具有科学的指导思想、严格的组织纪律,能够高效的进行社会整合和政治整合,这是中国在现代化发展过程中所具有的"政党比较优势"和"政治体系比较优势"。2014 年 6 月 11 日,中共中央政治局常委、中央书记处书记刘云山在丹麦出席"欧洲学者眼中的中国共产党"国际研讨会,发表了题为《认识中国共产党的几个维度》的讲话。刘云山在讲话中指出,要研究好中国就应该研究好中国共产党。因为中国共产党是中国的执政党,是中国革命、建设、改革事业的领导核心。当今中国的发展成就是在中国共产党领导下取得的,中国特色社会主义最本质的特征就是中国共产党的领导。研究好中国共产党,实际上就抓住了研究中国的核心,就找到了解答当代中国从哪里来、向哪里去的钥匙。因此,坚持中国共产党领导、不断提高党的领导水平和执政能力,这始终是中国特色社会主义政治文明建设以及党的建设的一项重要任务。党政关系改革绝不是要改变党的领导地位和执政地位,而是要不断完善党的领导方式和执政方式,在此基础上不断加强、完善和提高党的领导。

从公共政策的制定与执行的政府过程来看,中国共产党已是广义政府的核心部分,中国共产党的坚强领导和高效执政是中国现代化和社会主义政治文明建设的内在要求。但是一般来说,政府和政党是不同性质的政治主体,发挥着不同的政治功能和政治作用,有着不同的组织结构和政治行为方式。政党不能简单地等同于政府。政党必须通过一定的途径、方式和程序来运作国家权力,领导政治活动和社会活动,从而形成特定的党政关系体制。这种以党的领导方式与执政方式为内容的党政关系体制不仅是政党与政府履行各自职能、发挥各自功能的重要组织程序和体制基础,而且是党政关系改革的重要对象。

改革开放前我国党政关系的基本特征和主要问题是党政不分、以党代政。党政不分、以党代政导致不仅存在"全能政府"的问题,而且存在"全能政党"的问题。邓小平指出:"加强党的领导,变成了党去包办一切,干预一切;实行一元化领导,变成了党政不分、以党代政;"①更严

---

① 中共中央文献研究室.邓小平文选:第2卷[M].北京:人民出版社,1994:142.

重的是:"在加强党的一元化领导的口号下,不适当地不加分析地把一切权力集中于党委,党委的权力又往往集中于几个书记,特别是集中于第一书记,什么事都要第一书记挂帅、拍板。党的一元化领导,往往因此而变成了个人领导。"①

党政不分、以党代政妨碍了政府行政机关相对独立的开展工作,不利于提高政府的效率和威信;尤其是大量设置与政府部门对口的党组织机构,形成"二元行政体制",造成了党政功能交叉,机构重复设置,人员臃肿,环节交叉,职责混淆,权限不清,从而导致党政机构臃肿,官僚主义盛行,直接影响到政府的行政管理效率。党政不分,以党代政必然导致权力高度集中,不利于社会主义民主的发展,不利于社会主义法制的完善,不利于司法机关、检察机关、审判机关相对自主的开展工作。总之,党政不分、以党代政严重影响了政府效率的提高,妨碍了社会主义民主的发展。邓小平强调:"改革的内容,首先是党政要分开,解决党如何善于领导的问题。这是关键,要放在第一位。"②

对于当代中国党政关系的改革有两种偏颇的主张:一种观点抽象地认为党政关系应该截然分开,政党不要过多地介入政府及其活动。这种观点的实质就是要削弱党的领导、乃至否定党的执政地位和领导地位。这实际上是按照西方国家的两党制、多党制的政党政治来分析中国的党政关系。另一种观点则基于中国共产党是中国特色社会主义事业的领导核心和执政党,因此提出了"党政合一""寓党于政""建党于政"的党政关系目标模式。这种观点和主张实际上是"党政不分、以党代政"党政关系的"翻新"而已。马克思主义政治学理论表明,国家是阶级统治的工具,国家具有阶级统治职能和公共管理职能双重职能,政府就是履行国家职能的合法主体,政府权力及其管理活动具有合法性、权

---

① 中共中央文献研究室.邓小平文选:第2卷[M].北京:人民出版社,1994:329.
② 中共中央文献研究室.邓小平文选:第3卷[M].北京:人民出版社,1993:177.

威性、强制性。政党则是民主政治条件下社会利益表达、利益整合的政治组织,并作为特定阶级利益的代表影响、参与国家政治活动和政策制定,或者运作国家政治权力、主导政治活动,表达民意、综合民意、影响政策、组阁执政、运作政府是政党的重要政治功能。可见,政党与政府在政治功能上是不同的,党政职能要分开。

按照党政职能分开的改革思路,党政关系逐渐理顺并走向了规范化、制度化。党的领导主要体现在政治领导、思想领导和组织领导等方面,党要发挥"总揽全局、协调各方"的作用,不断提高领导水平;党要依照科学执政、民主执政、依法执政的要求不断提高执政的制度化水平和执政能力。党的十六大报告指出,党的领导主要是政治、思想和组织领导,通过制定大政方针,提出立法建议,推荐重要干部,进行思想宣传,发挥党组织和党员的作用,坚持依法执政,实施党对国家和社会的领导。按照党总揽全局、协调各方的原则,不断规范党委与人大、政府、政协以及人民团体的关系,支持人大依法履行国家权力机关的职能,经过法定程序使党的主张成为国家意志和法律,使党组织推荐的人选成为国家政权机关的领导人员,并对他们进行监督;支持政府履行法定职能,依法行政;支持政协围绕团结和民主两大主题履行参政议政职能。理顺党政关系、实现党政关系的规范化制度化,这对于推动和实现国家治理体系现代化具有重要意义。

(3)政府机构改革和政府职能转变

政府机构改革和政府职能转变是政治体制改革的重要内容。中国传统的政府机构设置、政府职能定位以及政府管理方式是建立在计划经济体制之上并与之相适应的。随着社会主义市场经济体制的建立和不断发展,迫切需要推进政府机构改革和政府职能转变。改革开放以来,政府机构改革和政府职能转变取得了重大成绩,初步建立起与社会主义市场经济相适应的行政管理体制。

在计划经济条件下我国形成了庞大、臃肿的政府机构,政府效率低下。邓小平指出："我们严重的官僚主义与现在机构的臃肿是分不开的。"①"如果不搞这场革命,让党和国家的组织继续目前这样机构臃肿重叠、职责不清,许多人员不称职、不负责,工作缺乏精力、知识和效率的状况,这是不可能得到人民赞同的,包括我们自己和我们下面的干部。这确实是难以为继的状态,确实到了不能容忍的地步,人民不能容忍,我们党也不能容忍。"②政府效率不高、人浮于事同政府机构臃肿有关。提高政府效率、克服官僚主义,必须要进行政府机构改革。

20世纪80年代我国先后进行了两次大规模的政府机构改革。1982～1983年,为了与变化的政治、经济相适应,进行了改革开放后第一次大规模的政府机构改革。当时,党和政府的工作重心已从"以阶级斗争为纲"转移到以经济建设为中心和发展社会主义生产力上面,农村改革已有起色,政治体制改革也被提出来。合并了一些重叠机构,撤销了一些专业经济管理机构,加强了综合协调、统计、监督机构。总体上大幅度精简了政府机构和政府工作人员。但由于经济体制改革还未全面展开,政治体制改革也未真正提上日程,政府机构改革缺乏持续的动力,更没有将机构改革与职能转变结合起来。结果精简的机构和人员很快反弹,又一次陷入了怪圈循环。

1987～1988年进行了改革开放后第二次较大规模的政府机构改革。这时经济体制改革逐步深入,改革由农村转向城市,扩大企业经营自主权的呼声日益高涨,政治体制改革被提上日程并确定了长远目标和近期目标。这次机构改革除了要提高行政效率,适应经济、政治发展外,还要逐步建立一个功能齐全、结构合理、运转协调、灵活高效的行政管理体制。提出了机构改革与转变职能相配套,力求顺理关系。但是由于经济体制改革的目标尚不明确,政府职能缺乏明确的定位,这对精

---

① 中共中央文献研究室.邓小平文选:第2卷[M].北京:人民出版社,1994:388.
② 中共中央文献研究室.邓小平文选:第2卷[M].北京:人民出版社,1994:396.

简机构、转变职能极为不利,而且依法治国还未上升为政治体制改革的目标,理顺的关系、调整好的机构缺乏制度、法律的规约与保证,反弹的可能是存在的。可见,这次机构改革带有明显的过渡性质,机构改革和职能转变大打折扣,怪圈的重新一个轮回并不是没有可能。

20世纪80年代我国进行过两次大规模政府机构改革,但是未能走出"精简—膨胀—再精简—再膨胀","合并—分开—再合并—再分开","上收—下放—再上收—再下放"的怪圈循环。这既有经济社会发展程度等客观原因,又与当时对机构改革的认识不无关系,认为机构改革就是机构和人员的增减、机构的重组与分合、政府行政权力的上下移动。基于这样的认识和现实情况,机构改革的主要内容和现实选择就是:裁并机构、裁减人员、下放权力。实践证明这是欠妥的。因此,深化对政府机构改革的理论认识,将政府机构改革和政府职能转变结合起来,这是走出政府机构改革怪圈循环的关键。结构功能主义理论表明,政府机构是政府职能的载体,但没有合理的政府职能,政府机构就失去了存在的根据。只有以职能定位为依据,政府机构才能恰当地确定它的工作任务,并配备相应的组织机构和工作人员。因此政府机构改革就应遵循功能再设计、结构再设计和行为再设计的改革逻辑来进行。改革开放以来随着党和国家工作重心的转移,政府职能转变已是题中应有之义,特别是社会主义商品经济、社会主义市场经济的发展,国家与社会关系的深刻变化为政府职能转变提出了客观要求。但与高度集中计划经济体制相配套的政府机构、政府职能、政府行为还不能适应这一变化,不能为政府职能转变提供结构性和体制性的支撑。因此,机构改革必须以职能转变为导向,并为职能转变提供组织基础和体制保证,职能转变必须落实到机构改革的推进上。政府机构改革之所以重蹈怪圈循环覆辙,在很大程度上与政府机构改革没有抓住转变政府职能这一关键,而简单地搞机构撤并、人员精简、权力下放不无关系。这就要求我们必须将机构改革与职能转变切实结合起来。

机构改革还涉及到政府工作人员的去留问题,在具体操作层面难度较大,不免使政府机构改革复杂化。"精简机构是一场革命。"①政府机构改革是一场复杂的体制革命和对人的革命。"在处理精简问题的时候,又不可避免地要牵涉到一部分人中间的派性,处理的人牵扯着这帮那派,是很复杂的问题。"②在这个意义上,政府机构改革是不可能一朝一夕一步到位的事情,必须认识到政府机构改革的复杂性、艰巨性和长期性。

20世纪90年代社会主义市场经济体制改革目标明确后,机构改革开始在建立适应社会主义市场经济的行政管理体制这一框架下来思考问题,而不再是以单纯的机构裁减、人员分流、权力下放为内容的行政性分权,而是切实转变政府职能、重新定位政府职能,在这个基础上展开机构改革和政府职能转变。这是20世纪90年代以后政府机构改革不同于80年代的根本所在。1993年机构改革时,将转变职能、理顺关系、精兵简政、提高政府效率作为机构改革的目标,并强调转变职能是第一位的。按照政企分开的原则,把属于企业的自主权切实下放给企业,使企业真正成为自主经营、自负盈亏、自我发展、自我约束的法人和市场竞争主体;把属于市场调节的职能切实转移给市场,使市场在资源配置中更好地发挥基础性作用。另一方面,要建立健全宏观调控体系,合理划分中央与地方的职责权限。真正作到微观放开放活,宏观管住管好。

机构改革不再是在封闭的政府体系内部进行,而是在发展社会主义市场经济、增强企业活力、加强宏观调控的过程中展开,科学界定政府职能,在这个前提下进行机构改革。机构改革超出单一的精简机构和人员裁减的导向,适应社会主义市场经济发展的需要,该裁减机构的一定要裁减,该强化的职能要强化,这集中体现在要裁减合并专业性管理机构,强化协调、监管等宏观调控机构;在职能定位明确、机构改革导

---

① 中共中央文献研究室.邓小平文选:第2卷[M].北京:人民出版社,1994:396.
② 中共中央文献研究室.邓小平文选:第2卷[M].北京:人民出版社,1994:398.

向合理的前提下,划分中央与地方权力。经过不断的政府机构改革,逐步建立起同社会主义市场经济发展相适应的行政管理体制。

（4）**实施依法治国的治国方略**

发展社会主义民主、建设社会主义政治文明,必须要加强法治建设,实施依法治国的治国方略。这是总结改革开放前社会主义建设遭受严重挫折的一个重要结论。邓小平在 1978 年中央工作会议上讲话指出:"为了保障人民民主,必须加强法制。必须使民主制度化、法律化,使这种制度和法律不因领导人的改变而改变,不因领导人的看法和注意力的改变而改变。"①习近平总书记强调:"小智治事,中智治人,大智立法。治理一个国家、一个社会,关键是要立规矩、讲规矩、守规矩。法律是治国理政最大最重要的规矩。推进国家治理体系和治理能力现代化,必须坚持依法治国,为党和国家事业发展提供根本性、全局性、长期性的制度保障。"②改革开放以来我国的法治建设不断推进,1997 年党的十五明确将依法治国上升为国家的基本治国方略。2014 年党的十八届四中全会对全面依法治国进行战略部署。

改革开放以来立法工作取得了重大成就。从改革开放初期到上个世纪 90 年代初期。全国人民代表大会及其常委会起草和制定了百余部法律,为形成以宪法为核心的中国特色社会主义法律体系奠定重要基石。1982 年修订并通过新的《中华人民共和国宪法》,同时制定了地方组织法、选举法、法院组织法、检察院组织法、刑法、刑诉法、中外合资经营企业法等重要法律。从 20 世纪 90 年代初期到党的十五大召开之前,这一时期立法工作的重点是围绕建立社会主义市场经济进行立法,制定了公司法、银行法、劳动法、合伙企业法、价格法等重要法律。1997

---

① 中共中央文献研究室.邓小平文选:第 2 卷[M].北京:人民出版社,1994:146.

② 中共中央文献研究室.习近平关于协调推进"四个全面"战略布局论述摘编[M].北京:中央文献出版社,2015:100.

年至今,按照党的十五大提出到 2010 年形成中国特色社会主义法律体系的要求,全国人大及其常委会不断加快立法步伐、提高立法质量,1999 年和 2004 年对宪法进行修改和完善,还制定了证券法、合同法、反垄断法、保险法、国有资产法、行政复议法、侵权责任法、立法法、监督法、反分裂国家法、物权法等一系列重要法律。2011 年 3 月 10 日,时任全国人大委员长吴邦国宣布:中国特色社会主义法律体系已经形成。中国特色社会主义法制体系的形成,为实施依法治国、建设社会主义法治国家奠定了重要基础。

法治建设的推进是社会主义市场经济健康持续发展的重要保证。市场经济实际是法治经济,市场经济越发展越需要成熟的法律为支撑。社会主义市场经济体制的建立和完善,必须要有法律作保障。法制是市场经济的依托,没有健全的社会主义法制,就没有社会主义市场经济的健康发展。经济的发展、社会的进步都离不开健全的法制。经济和社会的发展呼唤着法制的完善;反过来,法制的完善又会进一步促进经济繁荣和社会的进步。改革开放以来,社会主义市场经济的确立和发展完善,在很大程度上同依法治国的深入推进密不可分。

法治建设的推进也是机构改革和党政关系改革持续深化的重要保证。政府改革必然引起政府主体内部以及政府与社会关系的变动,这种变动只有以制度化、法制化为导向并通过制度、法律加以规范,才能巩固政府改革的成果。以前政府机构改革之所以老走不出怪圈循环,既与单纯进行机构与人员裁减而未转变职能相关,还有一个重要原因就是机构改革和职能转变缺乏法律的保障。1998 年政府机构改革时,就特别注意将机构改革纳入制度化、法制化轨道。提出了"办事高效、运转协调、行为规范"的改革目标,并大力推行"三定"(定职能、定机构、定人员)方案。力图使机构改革走上制度化、法制化轨道,实现政府机构组织、职能、编制、工作程序的制度化法定化。在依法治国的推进和实施中,党政关系也逐步走上法制化轨道。在宪法与党的关系上,要求党组织和党员必须在宪法范围内活动,任何党组织及党员个人不得超越宪法,所有党组织、党员、党员干部的言行都不得同宪法以及法律相抵触。在党与人大、政府的关系上,也逐步走向制度化、法制化,从而使党的领导方式和执政方式走向规范化、制度化和法律化。

2014年党的十八届四中全会是中国共产党的历史上首次以"依法治国"为主题召开的一次中央全会,在中国法治建设的历史上、以及依法治国的治国方略实施的进程中都是一个重要的里程碑。报告明确指出,依法治国是坚持和发展中国特色社会主义的本质要求和重要保障,是实现国家治理体系和治理能力现代化的必然要求,事关我们党执政兴国,事关人民幸福安康,事关党和国家长治久安。报告强调要着力推进并形成完备的法律规范体系、高效的法治实施体系、严密的法治监督体系、有力的法治保障体系和完善的党内法规体系。从而将中国特色社会主义法治建设和依法治国推进到了一个新的水平和高度。

三、政治体制改革的基本经验

改革开放三十多年来,中国的政治体制改革取得了辉煌成就。这不仅将中国特色社会主义民主建设和政治文明建设推进到了一个新的历史水平,而且支撑了当代中国的经济发展和社会进步。认真总结政治体制改革的基本经验,对于我们在坚定中国特色社会主义政治制度自信的基础上,不断深化政治体制改革、不断完善和发展中国特色社会主义政治制度,具有重要意义。

第一,要始终坚持中国共产党的领导、坚持中国特色社会主义基本政治制度,在此基础上进行政治体制改革,这是最主要的一条经验。改革是社会主义的自我完善和发展,政治体制改革是中国特色社会主义政治制度的自我发展和完善。因此,政治体制改革必须要坚持中国共产党的领导、坚持中国特色社会主义政治发展道路和基本政治制度。中国共产党的领导是中国特色社会主义最本质的特征和最大政治优势,包括政治体制改革在内的整个中国的改革都要在党的领导下来推进和实施,这样才能保证改革的正确方向。中国特色社会主义基本制度是体现国家性质的最基本最重要的制度,是国家政治长治久安和和谐稳定的根本制度保证。改革开放以来,政治体制改革之所以能平稳、持续的推进,并取得了重大成就,关键原因就在于坚持中国共产党的领导、坚持中国特色社会主义基本政治制度。在全面深化改革的推进过程中,政治体制改革也必将进一步深化和向前推进,但是必须要在坚持中国共产党的领导、坚持中国特色社会主义基本政治制度的前提下去深化和推进。这是改革开放三十多年来政治体制改革稳步推进的重要经验和基本启示。

第二,要紧紧围绕经济体制改革来推进政治体制改革。经济基础决定上层建筑,上层建筑反作用于经济基础。作为上层建筑内容范围之内的政治体制改革要紧紧围绕经济体制和经济建设来展开,而不能脱离经济建设和经济体制改革的实际。针对改革开放之前脱离经济建设去搞轰轰烈烈的"政治运动"的问题,邓小平强调政治工作不能离开经济工作、政治工作要紧紧围绕经济工作去开展。邓小平指出:"经济工作是当前最大的政治,经济问题是压倒一切的政治问题。"[①]"政治工作要落实到经济上面,政治问题要从经济的角度来解决。"[②]政治观的转变和从经济角度辩证思考政治问题,为突破"阶级斗争"政治干扰经济、优先发展经济、进行经济体制改革创造了条件。经济发展为政治体制改革创造了物质基础,提升了政治有效性,为政府改革创造了物质基础;更为重要的是经济体制改革为政府改革提供了源源不断的动力。当前在全面深化改革的战略布局中,经济、政治、文化、社会、生态、党建等领域都需要深化改革,在改革的内容上体现全面性。但是在全面深

---

① 中共中央文献研究室.邓小平文选:第 2 卷[M].北京:人民出版社,1994:194.
② 中共中央文献研究室.邓小平文选:第 2 卷[M].北京:人民出版社,1994:195.

化改革的实施过程中,重点是深化经济领域和经济体制改革,以此为牵引来深化包括政治体制改革在内的其他领域的改革。

第三,要积极稳妥的推进政治体制改革。与经济体制改革相比,政治体制改革的难度和风险要大得多,因为政治体制改革稍有不慎,就可能会出现严重的社会动荡、甚至出现国家分崩离析。这就要求我们在政治体制改革上不得不特别慎重。同时,政治体制改革又直接涉及当事人、有时候还涉及到改革者自身的利益,改革的阻力较大。因此,政治体制改革必须要采取积极稳妥的步骤来推进。"政治体制改革很复杂,每一个措施都涉及千千万万人的利益。所以,政治体制改革要分步骤、有领导、有秩序地进行。"①例如,在废除干部领导职务终身制问题上,为了最大限度的减少阻力,从而设立了中央顾问委员会这一过渡性的机构,从而成功地解决了干部领导职务终身制问题,并建立起了干部离退休制度。再例如,在政治体制改革的过程中,始终将政治稳定、社会稳定作为改革的重要前提,在改革、发展、稳定的动态关系中掌握好改革的力度。当前我们在全面深化改革特别是深化政治体制改革的过程中,一定要积极稳妥的来推进,要正确处理好"胆子要大"与"步子要稳"的辩证关系。要从"四个全面"战略布局以及"两个一百年"奋斗目标上审视当前阶段深化政治体制改革的重大意义,但是在具体实施和推进过程中要特别重视改革政策的整体性、系统性和协调性。

第二节　政治体制改革要坚持正确目标

一、政治体制改革中的"问题倒逼"与"目标导引"

包括政治体制改革在内的社会主义改革,就是要解决社会主义社会生产关系、上层建筑以及体制机制中不适应生产力发展和社会全面

---

① 中共中央文献研究室.邓小平文选:第3卷[M].北京:人民出版社,1993:252.

进步的问题。1978 年十一届三中全会之后中国走上改革之路,一个重要原因就是改革开放前我国的社会主义建设和探索遭受了严重挫折,发生了像"文化大革命"这样长时间的、全局性的失误。邓小平指出:"如果现在再不实行改革,我们的现代化事业和社会主义事业就会被葬送。"①由此可见,改革是问题倒逼出来的,正是在不断直面问题、回应问题和解决问题的过程中,才将改革不断推向深入。2013 年 9 月 17 日,习近平总书记在党外人士座谈会上指出:解决我国发展面临的一系列突出矛盾和问题,实现经济社会持续健康发展,不断改善人民生活,要求全面深化改革。中国共产党人干革命、搞建设、抓改革,从来都是为了解决中国的现实问题。可以说,改革是由问题倒逼而产生,又在不断解决问题中而深化。35 年来,我们用改革的办法解决了党和国家事业发展中的一系列问题。同时,在认识世界和改造世界的过程中,旧的问题解决了,新的问题又会产生,制度总是需要不断完善,因而改革既不可能一蹴而就、也不可能一劳永逸。由此可见,解决我们当前改革发展面临的突出问题,依然要靠改革特别是全面深化改革,而全面深化改革同样需要有强烈的问题意识、需要"问题倒逼"来推进。习近平总书记指出:"要有强烈的问题意识,以重大问题为导向,抓住重大问题、关键问题进一步研究思考,找出答案,着力推动解决我国发展面临的一系列突出矛盾和问题。"②

矛盾是事物存在的基本方式,是事物之间联系的实质内容,矛盾存在具有客观性普遍性,人的认识活动和实践活动就是一个不断认识矛盾、不断解决矛盾的过程。矛盾又是事物发展的动力,不断化解矛盾就是矛盾运动的具体内容,也是事物发展的具体过程和实现环节。而问

---

① 中共中央文献研究室.邓小平文选:第 2 卷[M].北京:人民出版社,1994:150.

② 中共中央文献研究室.习近平关于全面深化改革论述摘编[M].北京:中央文献出版社,2014:38.

题是矛盾的具体表现形式,直面矛盾就要增强问题意识、坚持问题导向和从问题出发。面对矛盾和问题,恐慌、回避、掩盖不是解决矛盾和问题的有效办法,勇敢直面矛盾和问题、妥善化解矛盾和问题才是根本出路。因此,"问题倒逼"既是改革的重要动力,同时又是改革的切入点。政治体制改革也是如此,解决政治体制和政治运行机制中的突出问题既是政治体制改革的重要动力,同是又是政治体制改革的切入点。政治体制改革正是从解决党政不分、权力高度集中、机构臃肿、官僚主义盛行等突出问题入手,并在解决这些问题的过程中推进政治体制改革。以"问题倒逼"来推进政治体制改革是一条比较务实、平稳的政治体制改革的策略和方法。

改革在坚持"问题倒逼"的同时,还应当坚持"目标导引",政治体制改革更是如此。改革是社会主义制度的自我完善和发展,改革必须要坚持正确的道路和方向,在这个"目标导引"下,改革才能持续推进。改革开放一开始,中央就高瞻远瞩的提出了整个改革过程中都要始终"坚持四项基本原则",这为中国的改革大船始终保持正确的航向提供了根本保证,从而确立了走自己的路、建设中国特色社会主义这一改革的总方向。在这个基础上,明确提出经济体制改革的目标是建立社会主义市场经济体制,经济体制改革有了明确方向。政治休制改革更要坚持正确方向、更要坚持"目标导引",因为政治体制改革更为复杂、风险也更大,政治体制改革容不得出现半点闪失。政治体制改革要发挥社会主义政治制度的优势,要在发展和完善中国特色社会主义政治制度、建设社会主义政治文明这个"目标导引"下来推进。在整个政治体制改革的过程中,"问题倒逼"与"目标导引"都是缺一不可的,政治体制改革的路径选择和具体政策设计应当在"问题倒逼"与"目标导引"中去寻找空间。

二、邓小平关于政治体制改革目标的论述及其意义

政治体制改革目标在政治体制改革中居于首要地位,有没有正确的政治体制改革目标,关系到政治体制改革的成败。但是,对于政治体制改革目标这一事关政治体制改革方向性和全局性的重大问题,不可能在政治体制改革一开始就形成明确的认识。在"摸着石头过河"总体改革思路下,以解决政治领域突出的紧迫问题为切入点逐步推进政治体制改革。在这个过程中,邓小平不断深化认识社会主义政治体制改革规律,从而形成对政治体制改革目标的成熟认识。

"文化大革命"固然与毛泽东个人晚年错误有关,但是更与我们党长期形成的民主集中制遭受破坏有直接关系。民主集中制和集体领导体制遭到破坏,一言堂、家长制就会盛行,领导人个人出现错误和失误时就无法进行及时的、有效的纠正,出现全局性、长期性失误也就无法从根本上避免。1980年8月21日,邓小平在接受意大利记者奥琳埃娜·法拉奇采访被问及如何避免和防止"文化大革命"悲剧时,邓小平指出:"这要从制度方面解决问题。……现在我们要认真建立社会主义的民主制度和社会主义法制。只有这样,才能解决问题。"①可见,在改革开放初期,政治体制改革首当其冲的工作是解决"文化大革命"遗留下来的混乱和失序的政治局面,尽快恢复和重建遭到严重破坏的党和国家的各项制度。政治体制改革的主要任务是恢复正常的政治秩序,政治体制改革的目标问题还不可能被提出来,也不可能形成成熟认识。

1984年十二届三中全会后改革的重点从农村转向城市,经济体制改革全面展开并不断深化。经济体制改革的全面展开和不断深入迫切需要政治体制改革与之相配合,迫切需要建立与经济体制相适应的政治体制,政治体制改革全面展开,政治体制改革的着眼点也从恢复政治秩序向建立中国特色社会主义政治体制和运行机制转变。邓小平指出:"不搞政治体制改革不能适应形势。改革,应该包括政治体制的改

---

① 中共中央文献研究室.邓小平文选:第2卷[M].北京:人民出版社,1994:348.

革,而且应该把它作为改革向前推进的一个标志。"①政治体制改革向什么方向改、要达到什么样的目标这一根本性问题逐步凸现出来,邓小平正是在这个时期提出了政治体制改革的目标问题。另外,在 20 世纪 80年代中后期的政治体制改革过程中,无论是中国国内还是其他社会主义国家都曾经出现了不同程度的曲折和挫折,这就要求在政治体制改革的目标上必须旗帜鲜明,在正确的目标导引下积极稳妥的推进政治体制改革。邓小平正是在这种背景下,提出政治体制改革的目标问题并对政治体制改革的目标进行多次论述。

1986 年邓小平多次强调加快推进政治体制改革的重要性、必要性和迫切性,同时多次论及政治体制改革的目的和目标问题。邓小平指出:"进行政治体制改革的目的,总的来讲是要消除官僚主义,发展社会主义民主,调动人民和基层单位的积极性。"②"我想政治体制改革的目的是调动群众的积极性,提高效率,克服官僚主义。"③"我们政治体制改革总的目标是三条:第一,巩固社会主义制度;第二,发展社会主义社会的生产力;第三,发扬社会主义民主,调动广大人民的积极性。"④"最近我在想,要向三个目标进行。第一个目标是始终保持党和国家的活力。……第二个目标是克服官僚主义,提高工作效率。……第三个目标是调动基层和工人、农民、知识分子的积极性。"⑤根据邓小平关于政治体制改革目标的论述,十三大报告正式提出:政治体制改革的长远目标是建立高度民主、法制完备、富有效率、充满活力的社会主义政治体制;近期目标是建立有利于提高效率、增强活力和调动各方面积极性的领导体制。

1989 年中国国内发生了改革开放以来最严重的政治风波,东欧一

---

① 中共中央文献研究室.邓小平文选:第 3 卷[M].北京:人民出版社,1993:160.
② 中共中央文献研究室.邓小平文选:第 3 卷[M].北京:人民出版社,1993:177.
③ 中共中央文献研究室.邓小平文选:第 3 卷[M].北京:人民出版社,1993:177.
④ 中共中央文献研究室.邓小平文选:第 3 卷[M].北京:人民出版社,1993:178.
⑤ 中共中央文献研究室.邓小平文选:第 3 卷[M].北京:人民出版社,1993:179 - 180.

些社会主义国家发生政治动荡,戈尔巴乔夫在苏联推行的全面改革前途未卜。在这种背景下,邓小平在思考政治体制改革时特别强调稳定的极端重要性,将稳定视为政治体制改革的"最大目的",将维护社会稳定作为政治体制改革的重要任务。1989年2月26日,邓小平在会见美国总统老布什时指出:"中国的问题,压倒一切的是需要稳定。没有稳定的环境,什么都搞不成,已经取得的成果也会失掉。"[①]1989年6月16日,邓小平同中央负责同志谈话时强调:"在政治体制改革方面,最大的目的是取得一个稳定的环境。……中国的最高利益就是稳定。"[②]

20世纪80年代,邓小平从改革开放和探索中国特色社会主义这个战略大局思考和部署政治体制改革,从政治体制改革的"目的"、"目标"谈论政治体制改革的目标,形成了关于政治体制改革目标的成熟认识和系统思考。邓小平关于政治体制改革目标的论述坚持了马克思主义政治观的基本原理,同时又具有鲜明的时代特征和中国特点。

第一,从发展社会主义生产力的角度谈论政治体制改革的目标。生产力是社会发展的根本动力,经济是政治的基础,一切政治发展和政治进步最终都要服务和服从于社会生产力的解放和发展。因此,世界上根本不存在完全脱离开经济活动的抽象的"政治"。但是,我们在社会主义改造完成、社会主义制度基本确立后,仍然将阶级矛盾当成是社会的主要矛盾,揪斗阶级敌人、开展阶级斗争一度被当作主要任务,社会生产和经济建设遭受严重破坏。离开生产、离开经济建设搞所谓的"阶级斗争"政治,其教训不可谓不深刻。改革开放后,邓小平特别强调要摒弃离开生产发展和经济建设空谈政治,认为"经济建设"和"实现四个现代化"是当前中国"最大的政治",政治体制改革的一个重要目标是发展社会主义社会的生产力。从发展社会主义社会生产力的角度去定

---

① 中共中央文献研究室.邓小平文选:第3卷[M].北京:人民出版社,1993:284.
② 中共中央文献研究室.邓小平文选:第3卷[M].北京:人民出版社,1993:313.

位政治体制改革的目标,通过不断消除政治体制和政治运行中存在的弊端,建立起与经济体制相适应的政治体制,才能不断的为经济体制改革和经济发展提供政治保证和政治支撑,才能不断提高人民的生活水平,彰显社会主义制度的优越性。

第二,从调动人民群众积极性和发展社会主义民主的角度谈论政治体制改革的目标。人民群众是历史的真正创造者,建设中国特色社会主义需要最大限度的调动、团结和凝聚人民群众的力量。而要调动人民群众的积极性,就必须要切实维护好、发展好、保障好人民群众的根本利益和基本权益,就需要不断推动和完善社会主义民主,调动人民群众的积极性与发展社会主义民主密不可分。除此之外,民主还是政治发展与政治文明的核心价值,人民民主、人民群众当家作主是社会主义的本质要求,发展社会主义民主是政治体制改革和社会主义政治文明建设的重要目标。但是,民主不是抽象的、超时空的,中国政治体制改革所要实现的民主只能是中国特色社会主义民主。"中国人民今天所需要的民主,只能是社会主义民主或称人民民主,而不是资产阶级的个人主义的民主。"①

第三,从巩固和完善社会主义政治制度的角度谈论政治体制改革的目标。恩格斯曾经指出:"所谓'社会主义社会'不是一种一成不变的东西,而应当和任何其他社会制度一样,把它看成是经常变化和改革的社会。"②改革是社会主义不断发展和完善的必由之路,政治体制改革的性质则是社会主义政治制度的自我完善和发展,是在坚持基本政治制度和政治架构即坚持人民代表大会制度、中国共产党领导的多党合作和政治协商制度、民族区域自治制度、基层群众自治制度的基础上,不

---

① 中共中央文献研究室.邓小平文选:第 2 卷[M].北京:人民出版社,1993;175.

② 中共中央马克思恩格斯列宁斯大林著作编译局.马克思恩格斯选集:第 4 卷[M].北京:人民出版社,1995;693.

断对那些影响人民当家作主、制约政府效率的体制机制进行改革,从而更好的巩固和完善中国特色社会主义政治制度,为经济发展和社会长治久安提供政治保证。"在坚持和发扬社会主义政治制度的优势的前提下,革除政治体制方面的弊端,为我国的经济发展和社会的全面进步提供更加有力的政治保证,使我国的社会主义事业更加充满生机和活力。这就是说,我国的政治体制改革是我国社会主义政治制度的自我完善和发展。"①

第四,从巩固和增进稳定的角度谈论政治体制改革的目标。稳定是改革和发展的基本前提,没有稳定的环境,一切改革和发展都无从谈起,政治体制改革的一个重要任务就是要为改革发展提供一个稳定的政治环境和社会环境。邓小平在 20 世纪 80 年代末将稳定视为政治体制改革的"最大目的",不可否认有当时社会历史条件的特殊性和针对性。但是,从政治体制改革和社会主义政治文明建设长远发展来看,不断巩固和增进稳定不仅仅是政治体制改革的前提,也是政治体制改革要实现的目标和所要达到的状态。

邓小平从上述四个角度审视政治体制改革的目标,认为政治体制改革目标是多重目标构成的目标体系。发展社会主义生产力、调动人民群众积极性和发展社会主义民主、巩固和完善社会主义政治制度、巩固和增进稳定都是政治体制改革要实现的重要目标。政治体制改革目标的多重性,反映了政治体制改革的复杂性、长期性、系统性和协调性。"政治体制改革是一项巨大的系统政治工程,必须进行全面的、系统的、多层次的改革。这就要求从政治体制改革的有机整体出发,正确地认识和把握政治体制改革的目标体系。"②

邓小平关于政治体制改革目标的重要论述具有重要意义,在理论

---

① 沙健孙.邓小平关于政治体制改革的思想[J].政治学研究,2004(2).
② 肖继文.正确把握政治体制改革的目标体系[J].求索,1998(9).

上深化认识了社会主义政治体制改革和社会主义政治文明建设的规律。在实践上不仅对当时积极稳妥地推进政治体制改革发挥了重要历史作用，而且对当前不断增强中国特色社会主义政治制度自信，在政治制度自信的基础上全面深化政治体制改革，实现国家治理体系和治理能力现代化具有重要现实意义。

改革开放三十多年来，政治体制改革、社会主义政治文明建设取得了重大成就，其中一个根本原因就在于始终坚持邓小平关于政治体制改革目标的重要论述，坚持了正确的改革目标和方向。在 20 世纪 80 年代政治体制改革过程中，资产阶级自由化思潮对改革的影响和干扰比较突出，否定"四项基本原则"，试图将政治体制改革引向西方的"三权分立"、两党制或多党制的政治道路上去。在这种情况下，不改革权力高度集中的传统政治体制没有出路；但是，如果按照资产阶级自由化思潮所"指引"的方向和目标去进行改革，将会陷入政治动荡。而唯有在正确的目标指引下，政治体制改革才能积极稳妥的推进。

邓小平关于政治体制改革目标的重要论述对于正确评价中国特色社会主义政治制度和政治体制改革、坚定中国特色社会主义政治制度自信具有重要现实意义。党的十八大提出不断增强中国特色社会主义"道路自信、理论自信、制度自信"，习近平总书记在建党 95 周年纪念大会讲话上提出中国特色社会主义"道路自信、理论自信、制度自信、文化自信"。其中，制度自信是"四个自信"的关键，坚定中国特色社会主义制度自信首先要坚定对中国特色社会主义政治制度的自信。中国特色社会主义政治制度自信究竟来自哪里呢？其中一个重要基础就在于对中国特色社会主义政治制度和政治体制改革进行正确评价，而要进行正确评价就必须要坚持正确的政治体制改革目标和评价标准。国内外一些学者和观察家偏颇的认为中国政治体制改革没有成果，甚至对中国的政治制度也不看好，其中一个重要原因就在于他们套用西方国家的民主模式为"标尺"来度量我们的政治制度和政治体制改革，出现政治误判和所谓的"悲观失望"也就在情理之中了。邓小平关于政治体制改革目标的重要论述不仅为正确评价中国特色社会主义政治制度和政治体制改革提供了重要依据,而且是增强中国特色社会主义政治制度自信的重要基础。按照邓小平关于政治体制改革目标的论述,我们就会得出这样的结论:中国特色社会主义政治制度是适合中国国情的政治制度,政治体制改革是社会主义政治制度的自我完善和发展。

邓小平关于政治体制改革目标的重要论述对于坚持正确的目标和方向来统领政治体制改革的全面深化、实现国家治理体系和治理能力现代化具有重要现实意义。中国特色社会主义政治制度自信不是自视清高、自我满足,更不是裹足不前、故步自封,而是要把坚定制度自信和不断改革创新统一起来,在坚持基本政治制度的基础上,不断推进制度体系的完善和发展。全面深化改革包括全面深化政治体制改革,全面深化政治体制改革是实现国家治理体系和治理能力现代化的必然要求、是全面建成小康社会的重要政治支撑。邓小平关于政治体制改革目标的重要论述对当前全面深化政治体制改革仍然具有重要指导意义。对于当前的政治体制改革问题,有人认为要"彻底攻坚",要融入世界政治文明主流。还有人试图用西方"治理理论"、"治理模式"和"治理经验"话语体系来解说中国政治体制改革,并以此为理论基础来为全面深化政治体制改革设计"方案"和"路线图"。因此,在全面建成小康社会决胜阶段和全面深化改革攻坚阶段,进一步深化政治体制改革需要保持头脑清醒和政治定力。习近平总书记多次强调,全面深化改革要坚持正确的方向,不能犯"颠覆性错误"。全面深化政治体制改革要避免犯"颠覆性错误",就必须要始终坚持正确的目标和方向,邓小平关于政治体制改革目标的重要论述仍然具有现实指导意义。

三、政治体制改革要坚持和贯彻全面深化改革的总目标

党的十八大以来,以习近平总书记为核心的党中央着眼于实现"两个一百年"奋斗目标,立足于改革开放 30 多年的发展成就,紧紧围绕当前改革发展面临的突出问题,推动、实施全面深化改革。2013 年党的十八届三中全会通过了《中共中央关于全面深化改革若干重大问题的决定》,对全面深化改革进行了战略谋划和总体部署,明确提出全面深化改革的总目标是"发展和完善中国特色社会主义制度,推进国家治理体系和治理能力现代化"。"发展和完善中国特色社会主义制度,推进国家治理体系和治理能力现代化"不仅仅是全面深化改革的总目标,同时也是包括政治体制改革在内的所有领域改革都要实现的目标。进一步深化政治体制改革,必须要坚持和贯彻全面深化改革的总目标。

"发展和完善中国特色社会主义制度"这是全面深化改革总目标中最根本的内容。社会主义改革的本质是社会主义制度的自我完善和发展,通过改革使社会主义制度更加完善、更加成熟,使社会主义制度的优越性充分展现出来。从社会发展的总体趋势和历史进程来说,社会主义代替资本主义是人类社会历史发展的必然趋势,社会主义比资本主义更能解放和发展生产力,更能使人们过上美好生活。但是,社会主义并不是完美无缺的,社会主义的优越性有一个不断展现和实现的过程,社会主义制度确立之后还需要不断的完善和发展。社会主义之所以需要不断的完善和发展,根本原因就在于社会主义本身也存在矛盾,并且需要在矛盾的不断解决的过程中不断完善。

关于社会主义社会矛盾问题的认识经过了一个曲折的过程。马克思恩格斯当年对资本主义社会的矛盾进行过深入、系统的研究阐述,从而得出资本主义必然灭亡、共产主义必然胜利的结论。但马克思恩格斯在他们的经典著作中没有明确提及和阐述过社会主义社会的矛盾,主要原因在于:马克思恩格斯理论研究的重点在于揭示资本主义发展规律、以及资本主义矛盾,而对社会主义社会的矛盾还无暇顾及。这就为后来社会主义社会的矛盾问题研究留下了悬念。

斯大林以教条主义的思维方式,从本本出发,认为社会主义在道义上和政治上一致,生产关系完全适合生产力性质,认为社会主义社会没有矛盾。斯大林对社会主义社会矛盾认识上存在的不足,直接影响到对苏联体制中的弊端的清醒认识、从而阻碍了通过改革来解决体制中存在的弊端,教训不可谓不深刻。

汲取斯大林对社会主义社会矛盾问题认识上的教训,毛泽东在1957年2月最高国务会议上作《关于正确处理人民内部矛盾的问题》的报告,对社会主义社会的矛盾问题进行了深刻的、系统的阐述。毛泽东认为:在社会主义社会中,基本的矛盾仍然是生产关系和生产力、上层建筑和经济基础之间的矛盾。社会主义社会的基本矛盾是在生产关系和生产力、上层建筑和经济基础基本相适应条件下的矛盾,是在人民根本利益一致基础上的矛盾。因此,它不是对抗性的矛盾,而是非对抗性的矛盾。毛泽东所作的这个报告,不仅将社会主义社会的矛盾问题的认识推进到一个新的水平,而且为社会主义改革提供了重要理论基础。社会有矛盾就要解决矛盾,但矛盾性质决定解决矛盾的具体方式方法,社会主义社会的矛盾是基本适应又存在矛盾、是非对抗性的矛盾。因此,解决社会主义社会矛盾的出路和正确途径就是改革,通过改革使社会主义制度不断趋于完善和成熟。

经过30多年的改革开放,我们开辟了中国特色社会主义道路、形成了中国特色社会主义理论体系、确立了中国特色社会主义制度,中国特色社会主义逐步走向成熟,并越来越展现出优越性。这既是改革开放的最大成就,也是进一步全面深化改革必须要坚持的基本前提。中国特色社会主义实践发展没有止境,"改革只有进行时、没有完成时"。但是,无论是过去搞改革,还是当前和今后全面深化改革,都要始终坚持改革的社会主义性质和根本方向,并在全面深化改革的过程中发展和完善中国特色社会主义制度。

"推进国家治理体系和治理能力现代化"这是全面深化改革总目标中最基本的内容。将"推进国家治理体系和治理能力现代化"设定为全面深化改革总目标的重要组成部分,反映了全面深化改革的必然要求。习近平总书记指出:"国家治理体系和治理能力是一个国家制度和制度执行能力的集中体现。国家治理体系是在党领导下管理国家的制度体系,包括经济、政治、文化、社会、生态文明和党的建设等各领域体制机制、法律法规安排,也就是一整套紧密相连、相互协调的国家制度;国家治理能力则是运用国家制度管理社会各方面事务的能力,包括改革发展稳定、内政外交国防、治党治国治军等各个方面。国家治理体系和治理能力是一个有机整体,相辅相成,有了好的国家治理体系才能提高治理能力,提高国家治理能力才能充分发挥国家治理体系的效能。"①"国家治理体系和治理能力是一个国家的制度和制度执行能力的集中表现,两者相辅相成,单靠哪一个治理国家都不行。治理国家,制度是起根本性、全局性、长远性作用的。"②从结构功能主义的角度来看,国家治理体系与国家治理能力是密不可分的,国家治理体系是支撑国家治理能力的结构基础,国家治理能力是国家治理体系的功能体现。国家治理体系实际上就是一整套"国家制度",全面深化改革就是要建立起一整套紧密相连、相互协调、相互配合的"国家制度",在此基础上支撑、提升治国理政的能力和水平。

全面深化改革总目标中的"发展和完善中国特色社会主义制度"与"推进国家治理体系和治理能力现代化"这两个方面是密不可分的。推进国家治理体系和治理能力现代化,必须要坚持中国特色社会主义基本制度,形成具有鲜明中国特色的国家治理体系和制度体系,而不是照搬西方国家的治理体系和制度体系。发展和完善中国特色社会主义制度,要具体化为国家治理体系的成熟和优化、以及国家治理能力的增强

---

① 习近平.切实把思想统一到党的十八届三中全会精神上来[J].求是,2014(1).
② 中共中央文献研究室.习近平关于全面深化改革论述摘编[M].北京:中央文献出版社,2014:27-28.

和提高上。二者相辅相成,缺一不可。

进一步深化政治体制改革是全面深化改革的重要组成部分,进一步深化政治体制改革也要坚持和贯彻全面深化改革的总目标。在进一步深化政治体制改革时,要同其他领域的深化改革紧密结合起来,紧紧围绕形成一整套紧密相连、相互协调的国家制度体系和国家治理体系,从整体上提高国家的治理能力,改革要坚持整体性协调性系统性原则。在进一步深化政治体制改革时,还要坚持、发展和完善中国特色社会主义政治制度这一根本要求,在坚持中国特色社会主义基本政治制度的基础上,不断完善政治体制和运行机制,形成一个体系完备、运转协调和功能优化的政治制度体系,为国家长治久安、民族和睦团结、社会持续稳定、经济健康发展、人民安居乐业提供根本政治保障。

第三节　深化政治体制改革和政治文明建设

一、构建遏制腐败蔓延的体制机制

无论形式上多么五花八门,腐败实质上就是利用公共权力谋取私利。腐败就像政治有机体身上的"毒瘤"和"癌症"一样,如果让腐败肆意蔓延下去而得不到有效的遏制和控制,那么就会逐渐失去民心、就会出现严重的国家治理危机乃至政权统治危机。古今中外的政治实践一再证明了这一点。腐败本质上是私有制基础之上人压迫人、人剥削人的社会制度和政治制度的产物,也就是说腐败在私有制社会和少数人统治多数人的社会,是必然伴生的社会政治现象。所以,历史上历朝历代也不乏仁君贤臣采取种种措施反对腐败、遏制腐败,但腐败问题始终挥之不去。社会主义公有制的建立、人民当家作主政治制度的确立,为从根本上解决腐败问题提供了根本制度前提。中国共产党是中国工人阶级的先锋队、同时又是中国人民和中华民族的先锋队,中国共产党始终代表中国最广大人民的根本利益。因此,腐败与中国特色社会主义的国家性质、中国共产党的性质是不相适应的。旗帜鲜明的反对腐败、坚决遏制腐败是中国特色社会主义政治文明建设的重要内容,也是深化政治体制改革需要迫切解决的问题。

尽管腐败是私有制社会、人剥削人和人压迫人社会的产物,但这并不意味着社会主义制度一经确立,腐败现象和腐败问题就会立即消失。腐败现象在当前还仍然存在,在有些方面表现得还很突出。中国是一个有着几千年封建社会历史的国家,在长期的封建专制统治的历史进程中,形成了根深蒂固的官本位思想、特权思想、关系文化、面子文化等封建糟粕,这些思想负面影响不容低估。我国当前还处在社会主义初级阶段,各方面的制度建设和体制改革还需要进一步完善和加强,在这个过程中出现一些腐败现象和腐败问题也就在所难免。

中国共产党自从建党以来特别是执政以来,始终把反对腐败作为加强执政党建设、永葆党的先进性的一项重要任务。党的十八大以来,以习近平总书记为核心的党中央重拳出击反对腐败,以猛药去疴和重典治乱的决心,以刮骨疗毒和壮士断腕的勇气反对和治理腐败问题,在党风廉政建设和反腐败斗争上取得新的重大成效。习近平总书记在十八届中央纪委六次全会上讲话指出:"党的十八大以来,我们党着眼于新的形势任务,把全面从严治党纳入'四个全面'战略布局,把党风廉政建设和反腐败斗争作为全面从严治党的重要内容,正风肃纪,反腐惩恶,着力构建不敢腐、不能腐、不想腐的体制机制。"①习近平总书记在庆祝中国共产党成立 95 周年大会上讲话强调:"党的十八大以来,我们党坚持'老虎'、'苍蝇'一起打,使不敢腐的震慑作用得到发挥,不能腐、不想腐的效应初步显现,反腐败斗争压倒性态势正在形成。"②

---

① 习近平.在第十八届中央纪律检查委员会第六次全体会议上的讲话[N].人民日报,2016-05-03.

② 习近平.在庆祝中国共产党成立 95 周年大会上的讲话[N].人民日报,2016-07-02.

党的十八大以来不仅反腐败斗争取得了新的重大成效,而且反腐败斗争压倒性态势以及反腐败的常态化长效化机制正在逐步形成。首先,对腐败坚决采取"零容忍",始终保持高压反腐态势,"苍蝇"、"老虎"一起打,加强反腐败的国家追逃工作和国际合作,以反腐"高压态势"震慑腐败分子,营造"不敢腐"的政治氛围。其次,全面推进和实施依法治国,建立健全党内法规,完善权力制约和监督机制,加强和完善巡视工作和巡视制度,完善"不能腐"的制度体系。最后,加强领导干部理想信念和党性修养教育,按照"信念坚定、为民服务、勤政务实、敢于担当、清正廉洁"的好干部标准来要求领导干部,大张旗鼓的树立新时期好干部的典型形象,营造"不想腐"的思想境界和舆论氛围。

二、构建同社会主义市场经济不断完善相适应的行政管理体制

改革开放以来,随着传统计划经济向社会主义市场经济的转变、以及社会主义市场经济的不断发展,政府机构改革、政府职能转变也相应的不断推进,行政体制改革取得了很大成就。随着社会主义市场经济的不断完善,必然会对行政体制改革提出新的更高的要求。党的十八大明确指出:"经济体制改革的核心问题是处理好政府和市场的关系,必须更加尊重市场规律,更好发挥政府作用。"党的十八届三中全会再次强调:"经济体制改革是全面深化改革的重点,核心问题是处理好政府和市场的关系,使市场在资源配置中起决定性作用和更好发挥政府作用。"由此可见,进一步深化行政体制改革,构建同社会主义市场经济不断完善相适应的行政管理体制,是当前深化政治体制改革要解决的重要问题。

1. 从"全能型政府"和"发展型政府"走向有限和有效政府

在计划经济时代,我国的政府权力一度渗透到经济发展和社会生活的方方面面。这种"全能型政府"造成了行政效率低下、制约了社会积极性等很多问题。为此,我国行政体制改革的一个问题就是重新界定政府与社会、政府与市场、政府与企业各自的"边界"。一方面,在市场经济条件下,市场取代政府部门成为资源配置的基础。凡是市场机制能发挥积极作用的地方,政府就应尽可能少的直接介入资源分配。一些地方干部受利益的驱动,积极介入微观资源的配置过程,结果导致经济或社会矛盾激化。另一方面,政府应进一步把那些政府不该管、管不好、也管不了的事情交给企业、市场或社会中介机构。而把政府工作的重心集中到"经济调节、市场监管、社会管理、公共服务"上面来。特别是社会主义市场经济日益成熟的背景下,政府要进一步走出主导经济发展的"发展型政府",尽管这对于后发展国家在市场经济发展初期是必要的,但是随着社会主义市场经济的不断成熟和完善,政府要及时变换自己的角色,调整自己的职能,政府要从"全能型政府"、"发展型政府"向公共服务型政府转变,社会主义市场经济的确立和完善使我们逐渐接受了有限政府的理念。

有限政府理念的重心并非是要弱化政府在经济、社会发展过程中的作用,而是为了科学界定政府的职能界限与政府权力的作用范围和作用方式。改革开放以来,我国政府角色已经发生很大变化,政府减少了对微观经济活动的直接干预。但是政府改革并不意味着政府重要性的下降,政府在经济、社会发展中仍然起着至关重要的积极作用,只不过政府作用于经济社会的方式不再是全面干预或者具体指导,而是规划经济发展方向、创造良好的发展环境、维护公平公正的社会秩序。为此,在行政体制改革在接受有限政府理念的同时,必须接受有效政府的理念。也就是说,政府在履行其职能时必须高效、顺利地实现其目标。如果一个政府很难实现其职能,我们称它是无能的政府;而如果一个政府根本不能履行其中的任何职能,我们则可以称它是失败的政府。在社会主义市场经济不断趋于完善的过程中,政府必须有效提供市场很难提供的公共产品与公共服务、制定公共规则、加强市场监管、确保市场竞争的公平性有序性,弥补市场机制所固有的缺陷。同时还必须提供稳定的社会就业、义务教育和社会保障、调节贫富差距、统筹协调人与自然的和谐发展、维持经济社会与资源的平衡。更重要的是,政府要满足多样化、多层次的社会对公共服务和公共产品的需求,要依次在社会保障、公共卫生、公共教育、公共文化和娱乐等方面提供服务,满足绝大多人的利益需求。

建立有限政府和有效政府具体要落实到厘清政府与市场的边界、处理好政府与市场的关系。纵观世界各国市场经济的发展历史,我们可以发现:发展市场经济必须要将市场这只"看不见的手"和政府这只"看得见的手"很好的结合起来,建立符合本国实际的"政府—市场"关系。这也是完善社会主义市场经济必须坚持的基本要求。当前政府和市场关系还存在着不尽合理的地方。要切实厘清政府和市场的边界,使市场在资源配置中发挥决定性作用,从广度和深度上推进市场化改革,同时要更好发挥政府作用。党的十八大以来,为构建与成熟的社会主义市场经济相适应的"政府—市场"关系,进行了多方面改革探索,在市场准入上尝试"负面清单管理模式",法无禁止皆可为;在行政体制改革上推行"政府权力清单"制度、大幅度取消和下放行政审批权,法无授权不可为。这些重要的改革举措对于厘清政府和市场的边界、完善社会主义市场经济具有重要意义。

2.从有较强自主性权力的政府走向责任和回应型政府

政府是公共权力的执掌者,它享有其他任何社会组织所没有的权力和社会影响力。但从实践经验来看,政府在具体的运行过程中总是希望自己掌控的权力越大越好,政府具有权力无限扩张的内在冲动。而当这种权力不受约束、不必顾及社会需求时,就会出现公共权力的滥用。为此,政府的权力必须与政府的责任相对称,权力越大就必须承担越大的责任,这是公共服务型政府及其建设的重要内容。责任政府的理念就是要求政府积极回应社会需要、回应民众诉求,采取相应的政策措施,公正、有效地实现公众的需求和利益,切实承担相应的责任。

全心全意为人民服务是党的根本宗旨,也是政府的基本政治责任。但是这种政治责任需要明确的、具体的、可操作的行政责任和法律责任来落实。由于对政府的具体的行政责任和法律责任缺乏明确的规范,从而使得政府行为具有了很大的随意性。这就导致政府部门的管理行为既很难适应社会的需要,也不能真正达到预期的效果。例如,一些地方政府和部门的领导利用手中的职权大搞"形象工程"、"面子工程"、"政绩工程",而不愿花大力气去解决那些真正关系到民众疾苦的社会民生问题以及生态环境整治问题。还有的政府部门因利益驱使,利用手中的行政审批权增加部门收入,从而损害了公众的利益,使"公共权力部门化、部门权力利益化"。进一步深化行政体制改革要不断强化政府的责任,增强政府对社会民众需求的回应性,落实有权必有责,用权受监督。

构建责任型政府,首先意味着行政权力必须有法律的授予并受到法律的约束,也就是说,各级政府部门的权力赋予和行使都应该有法律的依据。这样就可以从法律源头上保证政府权力的有限性、执行权力的责任性、执行程序的合法性。其次,责任政府意味着政府应积极回应社会和民众的正当要求,积极履行其职责,并且承担政治责任、行政责任、法律责任和道德责任。再次,领导干部的权力、权限以及职责,都应该明确化和规范化,进行职责分解,建立完善领导干部责任制和领导岗位责任制。最后,建立完善责任追究制及其办法,从制度体制上解决权力与责任脱钩、有权无责以及失责追究等问题,使行政问责和岗位问责成为政府履行职责的重要保障。

3.从单向管理政府走向合作治理政府

所谓治理,按照1995年全球治理委员会的报告所给的定义,就是各种公共的或私人的个人与机构管理其共同事务的诸多方式的总和,它是使相互冲突的或不同的利益得以调和并且联合采取行动的持续的过程。与政府垄断公共事务管理的传统模式不同,治理理论强调包括政府和其他社会团体在内的多元主体来共同处理公共事务。它强调治理主体的多元化,即企业、公民、民间机构和有关群体共同广泛参与经济社会事务的管理,并与各级政府机构进行合作,从而实现公共事务的"善治"。治理概念和治理模式的提出,反映了政府在应对现代社会多元化、多样化利益冲突背景下公共管理模式的积极探索和尝试。

治理理论的提出有着西方社会的现实背景,我们很难想象简单通过移植就可以适用于中国政府改革的实际。但是治理理论的提出使我们看到了中国成长中的社会力量在推动社会发展、构建社会主义和谐社会过程中发挥着越来越重要的建设性作用。因此,党的十八届三中全会明确将"推进国家治理体系和治理能力现代化"作为全面深化改革总目标的重要内容。在应对当前多元多样多变背景下的社会治理时,政府治理过程必须对社会开放,改变政府以前"包揽一切"的做法,更不能简单化的应对社会矛盾、处理社会问题,而是通过与民间组织、公民等社会力量的协商合作来处理,这已成为当代社会发展的基本趋势,也是当前提高国家治理能力的必然选择。

在推进治理实践、构建治理体系和提高治理能力的过程中,要着力构建中国特色治理理论和治理模式。尽管治理是对传统行政管理理论和实践模式的超越,但是,政府在公共事务管理中仍然具有不可或缺的权威地位,政府仍然是最重要的治理主体,我们在使用"治理"概念、进行社会治理时,一定要从中国的实际情况出发,而不是简单照搬西方国家的治理理论和治理模式。坚持中国共产党的领导、发挥好政府的积极作用,这是中国特色社会主义治理理论和实践模式的鲜明特色和优势,我们要坚持好、发展好这一特色和优势。

三、全面从严治党

中国共产党是执政党、是中国特色社会主义事业的领导核心。中国共产党领导地位和执政地位不能简单的套用西方国家的选举制度、两党制或多党制来进行"比较"和"度量"。中国共产党领导地位和执政地位是历史的选择、人民的选择和中华民族伟大复兴的需要。习近平总书记指出:"中国特色社会主义最本质的特征就是坚持中国共产党的领导,中国的事情要办好首先中国共产党的事情要办好。"①因此,进一步深化政治体制改革、推进社会主义政治文明建设,关键在于全面从严治党,不断提高党的领导水平和执政能力。

党的建设是新民主主义革命取得胜利的三大法宝之一,也是最重要的法宝。以毛泽东为代表的中国共产党人成功解决了农民和小资产阶级出身占大多数、非无产阶级思想客观存在条件下党的建设这一重大问题,形成了一整套系统的从思想上、组织上、作风上加强党的建设的党建理论和具体作法,把党建设成为坚强的领导核心,领导中国革命最终取得成功。中国特色社会主义现代化建设事业同样需要坚持党的领导,根据党的任务、环境和条件的变化,不断加强党的建设、完善党的领导,这是中国特色社会主义现代化建设事业成功的根本保证。

建国以来特别是改革开放以来,在推进中国特色社会主义现代化建设的过程中,历届中央领导都特别重视党的建设,不断探索和推进党的建设,并取得了许多重大成就。例如,重新确立了解放思想、实事求是的思想路线,不断推动马克思主义中国化时代化,形成了中国特色社会主义理论体系;确立了初级阶段的基本路线、基本纲领,明确了党在社会主义初级阶段的主要任务;党代会制度逐步规范化制度化,民主集中制组织原则得到贯彻落实,党内民主不断扩大。"回顾改革开放以来党的建设的历史进程我们看到,30年来以邓小平同志为核心的党的第二代中央领导集体、以江泽民同志为核心的党的第三代中央领导集体和以胡锦涛同志为总书记的党中央,坚持党要管党、从严治党,全面加

---

① 中共中央文献研究室.习近平关于协调推进"四个全面"战略布局论述摘编[M].北京:中央文献出版社,2015:138.

强和改进党的建设是承前启后、一脉相承、一以贯之的。"①"30 年党的建设在开拓创新、求真务实中与时俱进,取得的成绩和进步是多方面的、有目共睹的。"②

　　改革开放以来特别是新世纪以来,党的建设面临的环境和条件发生着深刻变化,党的建设面临着新的形势和新的挑战。经济全球化、世界多极化、信息网络化深入发展,世界范围内各种文明、文化、思潮交流激荡,国际局势发生着深刻变化,竞争日趋激烈,非传统安全因素增加。改革发展进入深水区、矛盾凸显期和攻坚期,改革发展的难度、风险、复杂性增加。党的历史方位和执政环境发生重大变化,从领导革命和夺权政权的"革命党"转变为长期执政和领导人民进行社会主义现代化建设的"执政党",从计划经济和封闭条件下进行领导和执政转变为在社会主义市场经济和对外开放条件下进行领导和执政,历史方位和执政环境的变化对党的建设提出了新的更高要求。习近平总书记指出,我一直在思考一个问题,这就是:我们中国共产党人能不能打仗,新中国的成立已经说明了;我们中国共产党人能不能搞建设搞发展,改革开放的推进也已经说明了;但是,我们中国共产党人能不能在日益复杂的国际国内环境下坚持住党的领导,坚持和发展中国特色社会主义,这个还需要我们一代一代共产党人继续作出回答。2012 年 11 月 15 日,习近平总书记在十八届中央政治局常委同中外记者见面时讲话指出:"打铁还需自身硬。我们的责任,就是同全党同志一道,坚持党要管党、从严治党,切实解决自身存在的突出问题,切实改进工作作风,密切联系群众,使我们党始终成为中国特色社会主义事业的坚强领导核心。"③

　　党的十八以来,"打铁还需自身硬"很快就变成了全面从严治党这

---

　　①　习近平.改革开放 30 年党的建设回顾与思考[N].学习时报,2008 - 09 - 08.

　　②　习近平.改革开放 30 年党的建设回顾与思考[N].学习时报,2008 - 09 - 08.

　　③　习近平.习近平谈治国理政[M].北京:外文出版社,2014:4 - 5.

一实实在在的行动。全面从严治党是"四个全面"战略布局的重要组成部分,是实现全面建成小康社会奋斗目标的根本保证,是党的十八大以来新一届中央领导治国理政顶层设计的重要组成部分。全面从严治党体现了中国共产党一以贯之的"党要管党、从严治党"的基本要求,同时又将执政党建设推进到新阶段新水平。

全面从严治党必须要抓好理想信念教育。对马克思主义的坚定信仰,对社会主义和共产主义的坚定信念,是共产党人的政治灵魂,是共产党人经受住任何考验的精神支柱。习近平总书记指出:"理想信念是共产党人精神上的'钙',没有理想信念,或者理想信念不坚定,精神上就会'缺钙',就会得'软骨病',就可能导致政治上变质、经济上贪婪、道德上堕落、生活上腐化。"①坚定的理想信念和政治信仰往往是建立在对社会历史发展规律的真正把握和认识的基础上的。因此,理想信念教育要加强对马克思主义基本理论、世界社会主义运动史、中共党史、中国革命史、中华人民共和国史和改革开放史的学习和研究,掌握辩证唯物主义和历史唯物主义,从人类社会发展趋势和世界大势去把握和认识共产主义、中国特色社会主义的光明前景。

全面从严治党必须要抓好作风建设。作风问题无小事,党的作风是党的"风向标"和"晴雨表",关系到党的形象和党群关系。在革命战争年代,中国共产党形成了理论联系实际、密切联系群众、批评与自我批评的三大优良作风,在再大的困难和任务面前,中国共产党都能够攻无不克、战无不胜,过硬的作风是重要"奥秘"。在和平建设年代、在发展社会主义市场经济的过程中,外部诱惑增多,作风建设没有及时跟上,官僚主义、形式主义、享乐主义、奢靡之风等不良作风程度不同的出现了。党十八大以来,全面从严治党的一个重要抓手就是狠抓"作风问

---

① 中共中央文献研究室.习近平关于协调推进"四个全面"战略布局论述摘编[M].北京:中央文献出版社,2015:131.

题",从党的十八大后很快出台中央"八项规定",到反对"四风",再到"三严三实"和"两学一做"。作风问题从细小的问题抓起、从各个方面抓起,而且持续不断的去抓。这对于根本扭转歪风邪气,弘扬浩然正气,建立健康的、积极向上的党风政风具有重要意义。

全面从严治党必须要严明党的纪律。没有规矩不成方圆,全面从严治党必须要严明党的规矩和党的纪律,把规矩和纪律挺在法律的前面。2015年10月18日,《中国共产党廉洁自律准则》《中国共产党纪律处分条例》以中共中央名义正式下发。《中国共产党廉洁自律准则》为共产党员制定了思想、行为准则。《中国共产党纪律处分条例》将党的纪律整合为政治纪律、组织纪律、廉洁纪律、群众纪律、工作纪律、生活纪律等六大纪律。在党的纪律和党的规矩中,政治规矩和政治纪律是第一位的规矩和纪律。增强政治意识、大局意识、核心意识、看齐意识,自觉维护党中央权威、维护党的团结、遵循组织程序、服从组织决定、坚决贯彻落实中央的路线方针政策和重大战略决策部署是最基本最重要的政治规矩和政治纪律。在党的政治规矩政治纪律面前,没有特殊党员,包括党的领导干部在内的全体党员都有遵守党的政治规矩、政治纪律的义务,也有坚决维护党的政治规矩、政治纪律的责任。

搞好中国的事情,关键在于党、在于把党的建设搞好。中国共产党是中国工人阶级的先锋队,同时是中国人民和中华民族的先锋队。中国共产党已经走过了95年的光辉岁月,带领中国人民改变了中华民族和中国人民的历史命运,创造了辉煌的历史和不朽的功绩!党的十八大以来,以习近平总书记为核心的党中央提出"四个全面"战略布局,全面从严治党、推进党的建设。中国共产党一定能搞好自身建设,始终保持党的先进性纯洁性,始终走在时代前列,也一定能带领中国人民实现全面建成小康社会奋斗目标和中华民族伟大复兴中国梦!

第七章 从讲好故事中提升政治制度自信

　　中国特色社会主义政治制度是当代中国发展进步的根本制度保障,是具有鲜明中国特色、明显比较优势、强大自我更新能力和自我完善能力的政治制度,这是中国特色社会主义政治制度自信的客观基础和重要前提。但是,人们对中国特色社会主义政治制度的先进性和优越性的认知、理解、接受、认同是一个不断加深和巩固的过程。这就要求我们不仅要建设好、发展好、完善好中国特色社会主义政治制度,而且要阐释好、讲述好、宣传好中国特色社会主义政治制度。习近平总书记指出:"我们有本事做好中国的事情,还没有本事讲好中国的故事?我们应该有这个信心!"①讲好中国政治发展故事,提高讲述中国政治发展故事的话语权,宣传好中国方案、中国智慧在解决人类政治发展问题和推进政治文明进程中的贡献,这是不断增强和提升中国特色社会主义政治制度自信的重要途径。

第一节 讲好中国政治发展故事及其重要意义

一、讲好中国政治发展故事的紧迫性

　　建国以来特别是改革开放以来中国发展取得了辉煌成就,中国的

---

　　① 中共中央宣传部.习近平总书记系列重要讲话读本(2016 年版)[M].北京:学习出版社,2016:209.

国际影响力日益提高,外国人对中国的关注度也越来越高。1978年中国刚改革时,美国《时代》杂志质疑说:"他们的目标几乎不可能按期实现,甚至不可能实现。"2008年当中国隆重纪念改革开放30周年、成功举办北京奥运会的时候,《时代》杂志又发表文章说:"当奥运会主火炬点燃时,世界见证了一个确凿无误的事实。中国回来了——在荣誉的光环下。"近年来,国际社会关于"中国道路""中国模式""中国经验"的讨论持续升温,欧美国家的左翼政党、研究机构、学校、社会团体和个人,对中国道路也很有兴趣,有的在关注、有的在研究、有的在宣传。其中不乏有客观、中肯的研究宣传,但是偏颇、误解甚至曲解也层出不穷。例如,近年来"中国威胁论""中国强硬论""中国傲慢论""中国掠夺论""中国不负责任论""中国搭便车论""中国失败论""中国崩溃论""中国全输论"等奇谈怪论也是不绝于耳。特别是在中国式民主、中国政治制度、中国政治发展道路的研究宣传上偏颇和误解就更为突出,讲好中国政治发展故事刻不容缓。

例如,在对私营企业主与中国共产党的关系、以及私营企业主阶层对中国政治发展影响作用研究方面,国外的研究者和观察家就存在着认识上的"荒谬"和理论上的"偏颇"。20世纪60年代,美国政治学家巴林顿·摩尔根据英国、法国、美国、德国、日本、俄国、中国从农业社会向工业社会转型的不同历史过程以及政治发展模式的历史经验得出"没有资产阶级就没有民主"的结论。20世纪90年代,美国政治学家萨缪尔·亨廷顿则将"没有资产阶级就没有民主"置换成"中产阶级带来民主"。按照"没有资产阶级就没有民主"、"中产阶级带来民主"的理论逻辑和分析框架,西方一些学者和观察家得出这样的结论:随着中国私营企业主的发展和壮大,中国必然会形成一个推动中国民主政治发展的强大社会动力,中国也必将走向多元民主的政治发展道路。实际上,他们对中国私营企业主在推动中国民主政治发展上给予了过高的"估计"和太多的"期望",对中国政治发展的预测也不可避免的将"落空"。其实,私营经济和私营企业主是在坚持中国共产党领导和人民民主专政的基本政治制度、以及社会主义初级阶段基本经济制度的社会条件下成长和发展的,不容许也不可能成长为一种异质的、对抗的社会力量,中国共产党和各级人民政府同私营企业主要构建的是一种具有中国特色的"清""亲"政商关系。中国私营企业主扮演的"现实角色"不同于西方国家的资产阶级在政治发展过程中曾经扮演的"历史角色"。

又例如,在坚持党的领导和全面依法治国的关系问题上,国内外的一些研究者和观察家也存在着认识上的"荒谬"和理论上的"偏颇"。坚持中国共产党的领导是中国特色社会主义最本质的特征,依法治国是党领导人民治理国家的基本治国方略,党的十八届四中全会从实现国家治理体系和治理能力现代化以及实现全面建成小康社会奋斗目标出发,对全面依法治国进行战略部署。党的领导和依法治国的关系问题再次被人们讨论。当前国内外学术界关于"党与法""党的领导与依法治国关系"的观点主要有"党大论""法大论""宪政论"等错误观点。"党大论"认为党比法大、党的政策高于法律,"党大论"往往与党政不分、以党代政体制相连;"法大论"和"宪政论"认为宪法具有至高性和神圣性,宪法和法律的地位高于党的政策,"宪政"可以有效的把权力牢牢约束在宪法和法律范围之内,"法大论"和"宪政论"实际上是在脱离开"党的领导"这一中国法治建设最基本的事实的基础上抽象的谈论"法"和"法治",其背后隐藏着对"党的领导"的淡化和对中国特色社会主义法治建设道路的否定。实际上,对于党和法、党的领导和依法治国的关系问题不能抽象地、空泛地去谈论,而必须要落实和体现在党的领导方式和执政方式上,依法治国其实是中国共产党适应形势发展而采用的一种领导方式和执政方式,同时又是提高领导水平和执政能力的重要手段。因此,"党大还是法大"本身就是一个伪命题。习近平总书记强调指出:

"社会主义法治必须坚持党的领导,党的领导必须依靠社会主义法治。"①可见,中国的法治建设道路与西方国家存在显著差异,具有鲜明的"中国特色"。

当代中国发展特别是政治发展是有很多鲜活生动的"故事"可讲的,因为建国以来特别是改革开放这30多年,一个具有十多亿人口的大国在经济快速发展、社会急剧转型的同时,有效的保持了政治稳定、民族团结和社会和谐,社会主义民主建设和法治建设也取得重大成绩,这在世界现代化发展的历史上是史无前例的。中国特色社会主义政治发展道路、中国特色社会主义政治制度是适合中国发展的道路和制度,具有鲜明的中国特色和政治优势。但是,我们对于中国政治发展"故事"的讲述声音还不够"洪亮",在国际上还没有形成压倒性地位的"主流"话语和"主导"声音,从而使得中国的政治发展道路和政治制度总是被一些人所曲解和误解。在这种情况下,讲好中国政治发展故事就具有紧迫性。2016年5月17日,习近平总书记在哲学社会科学工作座谈会上讲话指出:"在解读中国实践、构建中国理论上,我们应该最有发言权,但实际上我国哲学社会科学在国际上的声音还比较小,还处于有理说不出、说了传不开的境地。"②讲好中国故事,传播好中国声音,阐释好"中国特色",把中国的发展优势转化为话语优势,把中国道路的影响力转化为中国理论的影响力,把中国制度的影响力转化为中国话语的影响力,是我们面临的一项重要而紧迫的任务。

二、讲好中国政治发展故事对增强政治制度自信具有重要意义

当代中国政治发展故事是一个真实发生的有情节、有内容、有特色、有续集的"故事",讲好中国政治发展故事对于加深对中国特色社会

---

① 中共中央文献研究室.习近平关于协调推进"四个全面"战略布局论述摘编[M].北京:中央文献出版社,2015:116.

② 习近平.在哲学社会科学工作座谈会上的讲话[N].人民日报,2016-05-19.

主义政治模式和政治发展道路的认知、增强中国特色社会主义政治制度自信具有重要意义。

第一，讲好中国政治发展故事，可以消除人们对中国政治发展道路、政治发展模式和政治制度的"认识误区"，从而增强政治制度自信。当前国内外一些人对中国政治发展道路、政治发展模式和政治制度存在着这样那样的一些"误解"和"误读"，其中一个重要原因就在于用西方国家的理论和分析框架来"审视"和"裁剪"中国政治制度和政治模式，将中国政治发展作为"佐证"西方主流理论的实践"个案"。讲好中国政治发展故事，消除"认识误区"，凸显中国政治制度和政治发展模式的主体地位，才能增强中国特色社会主义政治制度自信。

第二，讲好中国政治发展故事，可以帮助人们更加准确的把握中国政治发展道路、政治发展模式和政治制度的"特色优势"，从而增强政治制度自信。讲好中国政治发展故事的过程，实际上也是中国政治发展道路、政治发展模式和政治制度的特色和优势彰显的过程。从理论和实践的角度讲清楚中国政治制度和政治发展模式的理论高度和实际效果；从过去、现在和未来的角度讲清楚中国政治制度和政治发展模式的不断完善的历史进程和未来光明前景；从宏大叙事和微小"个案"事件相结合的角度讲清楚中国政治制度和政治发展模式的整体优势和具体进步；从世界各国政治制度和政治模式的比较中讲清楚政治发展模式的多样性和中国政治发展模式的独特性。在讲好中国政治发展故事中凸显中国政治制度和政治发展模式的特色和优势，从而增强人们对中国特色社会主义政治制度的自信。

第三，讲好中国政治发展故事，可以帮助人们加快提升认识中国政治发展道路、政治发展模式和政治制度的"世界意义"，从而增强政治制度自信。中国特色社会主义政治制度和政治发展模式不仅成功的回答了中国这样一个拥有13多亿人口的大国的政治发展和政治文明建设问题，而且推动了人类政治文明的发展和进步。中国政治制度和政治发展模式不仅提供了人类政治文明进步的一种"发展模式",而且对许多发展中国家具有直接的借鉴价值。从宽广的国际视野和人类政治文明进步的高度来讲述中国政治发展故事,就能凸显出中国政治制度和政治发展模式的"世界意义"和"人类价值",从而增强人们对中国特色社会主义政治制度的自信。

第二节　提高讲述中国政治发展故事的话语权

一、话语权及提高话语权的重要性

所谓"话语"指的就是在一定文化传统和社会条件下形成的思想、理论、言说的基本概念范畴和基本法则,是一种文化对自身的意义建构方式和解说方式的基本设定。从这个意义上来说,"话语权"就是人们说话权利和说话权力的有机统一、以及话语资格和话语权威的有机统一。这种权利或权力的力量源泉来自于实践和理论两个方面,实践方面是指对所处时代的社会实践的"合理性"和"合法性"的阐释,即对社会实践具有解释力和引导力;理论方面是指对人类知识积累和理论发展做出贡献的能力、以及在与国外学者开展平等对话和交流的能力。

话语权不仅仅表现为一种说话的"权力"和"权利",而是同人们争取的经济、政治、文化、社会地位和权益紧密相连。20 世纪 70 年代,法国著名哲学家福柯在《话语的秩序》一文中指出,话语是人们斗争的手段和目的,人们通过话语赋予自己以权力,话语不仅仅是思维符号和交际工具,其本身就直接体现为一种"权力"。话语权掌握在谁手里,不仅决定了社会舆论的总体走向和趋势,而且还会影响社会发展的方向。中国古语所说的"名不正则言不顺,言不顺则事不成",也说明了"言顺"和"话语权"的重要性。

话语权实际上是国家软实力的重要组成部分。1990 年,哈弗大学教授约瑟夫·S.奈在《政治学季刊》和《外交政策》杂志上发表《变化中的世界力量的本质》和《软实力》等一系列论文,在此基础上出版《美国定能领导世界吗》一书并提出了"软实力"概念和软实力理论。在约瑟夫·S.奈看来,"软实力"就是"通过吸引而非强迫或收买的手段来达己所愿的能力"。话语权是软实力的重要内容,如果没有话语权或者话语权很微弱是不可能具有强大的软实力。因此,提高国家软实力则必须要自觉提高话语权并掌握话语权。

提高话语权、讲好中国故事就是要解决我们"挨骂"的问题。历史和现实给我们的启示是:落后就要挨打,贫穷就要挨饿,失语就要挨骂。现在国际舆论格局总体是西强我弱,别人就是信口雌黄,我们也往往有理说不出,或者说了传不开,一个重要原因是我们的话语体系还没有建立起来,不少方面还没有话语权,甚至处于"无语"或"失语"状态,我国发展优势和综合实力还没有转化为话语优势。习近平总书记在哲学社会科学座谈会上讲话指出:"在解读中国实践、构建中国理论上,我们应该最有发言权,但实际上我国哲学社会科学在国际上的声音还比较小,还处于有理说不出、说了传不开的境地。要善于提炼标识性概念,打造易于为国际社会所理解和接受的新概念、新范畴、新表述,引导国际学术界展开研究和讨论。"①提高话语权对于我们讲好中国政治发展故事具有重要意义。

提高话语权、讲好中国故事具有紧迫性。"一个只会使用别人话语的民族在世界上是没有份量的,中国崛起的过程也必然是中国话语崛起的过程",复旦大学教授张维为以其走访过一百多个国家和地区的观察与思考,发出了这样的感叹。有些学者把西方的理论学术话语奉为圭臬,认为其更为先进。有些学者简单套用西方的一套学术概念和学术话语来解释中国道路、分析中国问题、预测中国未来。在研究中国发展问题的过程中,还存在着脱离中国实践、食洋不化、"去马克思主义

---

① 习近平.在哲学社会科学工作座谈会上的讲话[N].人民日报,2016-05-19.

化""去中国化"等问题。这些现象和问题的存在影响制约了话语权的建设和提高。当代中国以前所未有的速度和规模发展起来,但是经济社会发展的综合实力和综合优势还没有很好的转化为话语优势,我们在国际上一些领域里还处于有理说不出、做好了说不好、说了传不开的境地,争取话语权、提高话语权是我们迫切需要解决的问题。有了话语权,才能讲好"中国故事",在国际社会也才会有更多的人来倾听我们的"中国故事",才能接受和赞同我们的"中国道路"、"中国制度"、"中国模式"和"中国方案"。

二、如何提高讲述中国政治发展故事的话语权?

能否建设好具有中国特色的话语权和话语体系、不断提高我们的话语权,直接关系到我们能不能讲好"中国故事",以及我们所讲述的"故事"能否具有吸引力、感召力和引领力。讲好中国政治发展故事、增强中国特色社会主义政治制度自信,必须要着力提高我们讲述中国政治发展故事的话语权。事实上,一种话语权和话语权格局的形成,既有经济、社会、文化发展等客观因素所提供的支撑条件,同时又取决于人们能否有意识的进行塑造和提升。当代中国的经济社会发展所取得的辉煌成就,以及在这个过程中形成了具有鲜明中国特色的发展道路和制度模式,这为我们提高话语权提供了坚实基础。但是这种发展优势和制度优势还没有转化成话语优势,提升话语权具有紧迫性。

第一,走出西方理论和方法的"搬运工"角色,这是提高和建设话语权的前提。农夫山泉的宣传广告词是这样说的,"我们不生产水,我们只是大自然的搬运工"。这个"传神"的广告词和我们当前哲学社会科学研究中一些照搬西方理论、西方研究方法的作法很"神似",广告词简直可以改写为:"我们不生产思想和理论,我们只是西方思想和理论的搬运工"。我们哲学社会科学研究中"搬运工"角色的形成具有客观的社会历史原因。近代以来,我们落后挨打,我们以救亡图存为目的向先进的西方国家学习,不得不作"搬运工";改革开放以来,我们在学习国外先进技术、管理和文明的时,如果不加甄别、不加选择、照单接受时,又自觉或不自觉的扮演着"搬运工"的角色。诚然,"搬运工"也是很辛苦的、一定程度上也是有贡献的,至少让我们及时的了解、跟踪西方国家理论和研究方法的前沿动态。但是,西方的概念范畴、理论体系和研究方法毕竟是在西方国家特定的社会历史条件下产生的,不考虑时间、空间、国情等方面的差异性,一味的"言必称欧美"的话,那么就既不能真正把握中国问题实质以及解决中国问题的"方案",也不可能形成我们自己的理论体系和话语体系,也就谈不上掌握"话语权"和理论自信。因此,要提高我们的话语权、建设有中国特色的话语体系,就不能再作西方理论和方法的"搬运工",要生产原创性的理论。

第二,从中国实践、中国经验中概括和提炼理论,这是提高和建设话语权的关键。"问渠哪得清如许?为有源头活水来"。实践是理论的源头活水、是理论形成的沃土。从中国历史发展来看,当代中国发展实践是中国历史上内容最为深刻、影响最为深远的变革;从近现代世界历史发展来看,当代中国开创的中国特色社会主义现代化实践是世界现代化历史上场景最为宏大、目标最为高远的变革。习近平总书记强调指出:"当代中国的伟大社会变革,不是简单延续我国历史文化的母版,不是简单套用马克思主义经典作家设想的模板,不是其他国家社会主义实践的再版,也不是国外现代化发展的翻版。"①当代中国发展实践的广度和深度孕育着最为深刻、最具原创性的思想理论。因此,从中国实践和中国经验中概括理论是当代中国哲学社会科学创新的重要路径。从中国实践和中国经验中提炼新概念新范畴,形成具有鲜明中国特色的新叙述新表述。在这个过程中,就会形成具有鲜明中国风格、中国气派和中国特色的理论,也必然会提高话语权。

---

① 习近平.在哲学社会科学工作座谈会上的讲话[N].人民日报,2016-05-19.

第三，发展 21 世纪中国马克思主义，这是提高和建设话语权的重点。马克思主义是我们党和国家的根本指导思想，我们要建设的话语权就其谱系、类型和性质来说是"马克思主义的话语权"，我们的话语权是建立在马克思主义理论的生命力和解释力的基础上的。马克思主义不是教义和教条，马克思主义给我们提供的只是认识世界、改造世界的方法论，马克思主义随着时代的发展而发展，未有如此，马克思主义才能永葆生机和活力，才能不断显示出强大的理论魅力和实践威力。从 19 世纪马克思恩格斯开创的科学社会主义理论，到 20 世纪初列宁开创的列宁主义，再到中国的毛泽东思想和中国特色社会主义理论体系，马克思主义始终在不断发展。21 世纪的中国发展、世界发展和人类发展出现了许多前所未有的新特点新变化。在 21 世纪，伟大而光辉的社会主义运动将怎么发展？实现人的全面自由发展的人类解放运动又该如何推进？这是中国发展需要直面的问题，也是世界发展需要解决的问题，更是马克思主义需要回答的时代问题。这样的时代呼唤马克思主义发展，这样的时代马克思主义必定会发展，发展 21 世纪中国马克思主义就是这个时代的理论使命。21 世纪中国马克思主义在回答时代问题中提升马克思主义的战斗力和我们的话语权。

第三节 人类政治文明发展中的中国方案和中国智慧

一、中国能为人类政治文明发展作出贡献吗？

中华民族在五千多年的历史长河中创造了辉煌灿烂的中华文明，对世界文明发展和人类进步曾经作出过重大贡献。但是近代以来，中华民族积贫积弱、落后挨打，也就谈不上对人类发展作出较大贡献。因此，实现中华民族伟大复兴中国梦，不仅包含着国家富强、民族振兴、人民幸福等基本内容，而且还包含着中国对世界、对人类发展进步作出较大贡献。1956 年 8 月 30 日，在中共八大预备会第一次会议上，毛泽东讲话说:"过去人家看我们不起是有理由的。因为你没有什么贡献","搞了五六十年还不能超过美国","那就要从地球上开除你的球籍","超过美国,不仅有可能,而且完全有必要,完全应该。如果不是这样,那我们中华民族就对不起全世界各民族,我们对人类的贡献就不大。"①建国初期,在经济社会文化水平还很低下的情况下,中国共产党人就确立了不仅要建设好一个崭新的中国,而且要对人类发展进步作出较大贡献的高远目标。

建国以来特别是改革开放以来,随着中国经济社会的快速发展以及综合国力的不断增强,中国的国际影响力也随之提升,中国也越来越有能力、有实力对世界作出较大贡献。2013年3月19日,习近平总书记在接受金砖国家媒体联合采访时指出:"中国人是讲爱国主义的,同时我们也是具有国际视野和国际胸怀的。随着国力不断增强,中国将在力所能及范围内承担更多国际责任和义务,为人类和平与发展作出更大贡献。"中国对世界发展和人类进步作出较大贡献在内容上是多方面的,不仅包括物质文明方面、思想文化方面,还包括政治文明,中国能够为人类政治文明发展作出贡献。

第一,当今世界的深刻变化对民族国家和国际社会的政治治理提出了新问题新挑战,这为中国为人类政治文明发展作出贡献提供了可能性。21世纪以来的人类社会正在发生着一场深刻的历史性变革,后危机时代世界经济在痛苦挣扎中也正在孕育着新的经济发展方向和竞争制高点,塑造着新的世界经济格局和"世界经济版图"。政治多极化的发展步伐不断加快,发展中国家与发达国家、发达国家与发达国家、新兴大国与老牌大国之间的关系正在加速调整,传统的"世界政治版图"正在发生着深刻变化。世界多种多样的文化、文明之间的交流、交融、交锋、碰撞空前激烈,文化软实力已经成为综合国力和国际竞争力

① 中共中央文献研究室.毛泽东文集:第7卷[M].北京:人民出版社,1999:88-89.

的重要组成部分。这种深刻变化,不仅使民族国家及其政治治理变得不适应、也使国际关系体系和国际治理变得很"生疏"。实际上,问题是时代的声音,问题也是发展的机遇,那些敏感捕捉时代问题、成功回答时代问题的"弄潮儿"无疑将站在时代的潮头。历史给了中国这样一个机遇,只要我们能够回答好、解决当今世界发展提出的挑战和问题,就一定能够为人类政治文明发展作出贡献。

第二,当代中国在解决自身政治发展以及回答当今世界政治文明发展问题上是名副其实而又当之无愧的"模范生",这是中国为人类政治文明发展作出贡献的根本保证。环顾当今世界各国的政治发展,不如意者十有八九。不少发展中国家进行所谓的"民主转型",结果却出现了政局动荡、社会动乱、民不聊生和难民潮,曾经被人们所推崇的"阿拉伯之春"却变成了"阿拉伯之冬"。发达国家在后危机时代应对经济、社会等问题上表现出来的"心有余而力不足""雷声大雨点小"让世人对发达资本主义国家越来越失望。特别是2016年美国大选这出滑稽而又具有讽刺意味的政治"闹剧",更是让世界看清楚了"美国式民主"的"庐山真面目",发达资本主义国家的政治治理绝非人类政治治理的"最后实践"、也绝非"最好实践"。当代中国在经济高速发展、阶层急剧分化和社会急速转型的过程中保持了政治的持续稳定;社会主义民主建设、法治建设和政治文明建设稳步推进并取得丰硕成果。中国在成功解决自身政治发展问题的同时,在国际舞台上始终奉行反对霸权主义和强权政治、维护世界和平促进共同发展的外交政策,对维护地区稳定、维护世界和平、促进世界发展等方面作出了实实在在的行动和表率,为人类政治文明发展作出了贡献。

第三,中国作为成功发展并走向世界舞台中心的大国,这是中国为人类政治文明发展作出贡献的必要条件。纵观世界历史发展我们可以清晰的发现:那些成功发展的大国往往是国际关系体系的主导者、也是时代潮流的引领者。大国与小国、发展成功的国家与发展不成功的国家,它们的国际影响力以及对世界的贡献是不同的。在 21 世纪的今天,中国是一个拥有世界 1/5 人口、有五千年文明历史、经济总量位居世界第二、坚持中国特色社会主义发展道路、奉行独立自主和平外交政策的大国,实现中华民族伟大复兴的中国梦变得越来越近,中国正在走向世界舞台的中心并越来越接近世界舞台的中心,中国的发展展现出大国风范和大国气度。我们可以自信而又毫不夸张地说,解决好了中国的事情,也等于解决好了当今世界的事情。中国必将为世界作出较大贡献,这种贡献不仅包括经济社会发展及其制度模式,还包括政治治理及其制度模式。

二、中国在哪些方面为人类政治文明发展作出贡献?

伴随着中华民族伟大复兴中国梦的即将实现、以及中国即将走向世界舞台中心这一历史进程,中国必将为人类政治发展作出贡献、为人类政治文明进步贡献"中国方案"和"中国智慧"。值得强调的是,中国在倡导和建设"人类命运共同体"、构建新型大国关系、民主形态探索等方面已经实实在在的迈出了自己的脚步,提出了自己的主张和方案。中国将变得越来越自信,中国人民对中国特色社会主义道路、理论、制度和文化也必将越来越自信。

第一,建设"人类命运共同体"。自党的十八大报告提出"倡导人类命运共同体意识"以来,习近平总书记在外交场合多次论述和强调"人类命运共同体"。"人类命运共同体"明确表达了 21 世纪中国的时代观、国际观,也充分展现了中国负责任的大国形象。所谓"人类命运共同体",就要建立平等相待、互商互谅的伙伴关系;营造公道正义、共建共享的安全格局;谋求开放创新、包容互惠的发展前景;促进和而不同、兼收并蓄的文明交流;构筑尊崇自然、绿色发展的生态体系。"人类命运共同体"涵盖了当今世界和平与发展的主要问题,体现了和平、发展、公平、正义、民主、自由等全人类的共同价值。倡导和建设"人类命运共同体"不仅使我们占据了外交政策和主张的道德制高点、掌握了话语权和主动权,而且也是对人类政治文明发展作出的"中国贡献"。

第二,构建新型大国关系。纵观人类社会历史,国强必霸、弱肉强食的"丛林法则",以及大国对抗、零和博弈的"修昔底德陷阱"似乎是人类历史发展永远无法摆脱的"铁律"和"魔咒"。美国当地时间2013年6月7日至8日,习近平主席与美国总统奥巴马在美国加州安纳伯格庄园会晤,构建中美新型大国关系提上议事日程。习近平主席强调:"中美两国合作好了,就可以做世界稳定的压舱石、世界和平的助推器。"①2015年9月,习近平主席访问美国,推动构建中美新型大国关系,两国领导人都认为中美关系不是零和游戏,不相信新兴大国与守成大国必定发生冲突的所谓"修昔底德陷阱",中美关系必将走出一条不同于历史上大国对抗的老路。奥巴马总统和美国政要也表示欢迎一个和平、稳定、繁荣中国的崛起。构建新型大国关系是推动建立新型国际关系的重要内容,是中国对世界和平和人类政治文明发展作出的贡献。

第三,"中国式民主"给世界贡献了一种新的民主模式。纵观近现代以来的世界政治发展,我们可以清楚地发现:民主潮流浩浩荡荡,民主已经成为民族国家和国际社会治理的"合法性"基石。民主是全人类的共同价值,但是民主模式却千姿百态。在传承中华民族五年多年历史积淀的政治智慧、吸收借鉴世界其他国家政治文明积极因素的基础上,以社会主义为政治价值追求、以坚持中国共产党领导为根本政治保证的"中国式民主"基本形成。基层民主、党内民主、协商民主、人民民主、国际治理民主是"中国式民主"的基本内容。"中国式民主"丰富了民主理论和民主实践、给世界贡献了一种新的民主模式。

---

① 习近平.习近平谈治国理政[M].北京:外文出版社,2014:279.

第八章 结 论

　　中国特色社会主义政治制度自信及其提升问题研究是一个"宏大"的研究课题,涉及中国特色社会主义政治制度的历史与现实、理论与实践、以及不同政治制度之间的比较和评价。中国特色社会主义政治制度是在中国革命、建设和改革的历史实践中逐步形成和发展起来的;中国特色社会主义政治制度在支撑中国经济社会发展中已经展现出了明显的制度绩效和政治优势;中国特色社会主义政治制度是人民当家作主的根本保证,也是中国特色社会主义民主政治运行的制度支撑。概括起来看,中国特色社会主义政治制度是"历史形成的"、是"有效果的"、也是"民主的",这是中国特色社会主义政治制度自信的客观基础,也是增强和提升中国特色社会主义政治制度的重要前提。

　　增强和提升中国特色社会主义政治制度自信,要着重从政治制度的科学比较、政治制度的自我完善、以及讲好中国政治发展故事等方面去下功夫。在比较中凸显中国特色社会主义政治制度的鲜明特色和政治优势,在政治体制改革中展现中国特色社会主义政治制度的自我完善和自我提升的能力,在讲好中国政治发展故事中展现中国特色社会主义政治制度的中国意义和世界价值。

　　中国特色社会主义政治制度对当代中国发展起到了重要支撑作用,表现出了明显的政治优势。中国特色社会主义政治制度也必将在全面深化改革的历史进程中进一步发展和完善。1980年8月18日,邓小平在中共中央政治局扩大会议上讲话指出:"我们的制度将一天天完善起来,它将吸收我们可以从世界各国吸收的进步因素,成为世界上最好的制度。"①2014 年 9 月 5 日,习近平总书记在庆祝全国人民代表大会成立 60 周年大会上讲话指出:"一个国家的政治制度决定于这个国家的经济社会基础,同时又反作用于这个国家的经济社会基础,乃至于起到决定性作用。在一个国家的各种制度中,政治制度处于关键环节。所以,坚定中国特色社会主义制度自信,首先要坚定对中国特色社会主义政治制度的自信,增强走中国特色社会主义政治发展道路的信心和决心。"②

"日出江花红胜火,春来江水绿如蓝。"当 2020 年实现全面建成小康社会奋斗目标、2050 年实现现代化、在此基础上进一步实现中华民族伟大复兴中国梦奋斗目标时,中国特色社会主义政治制度将更加成熟、更加完善,那时,人们对中国特色社会主义政治制度的自信将更加坚实,中国也必将为世界政治发展和人类政治文明进步作出更大贡献。

---

① 中共中央文献研究室.邓小平文选:第 2 卷[M].北京:人民出版社,1994:337.

② 习近平.在庆祝全国人民代表大会成立 60 周年大会上的讲话[N].人民日报,2014 - 09 - 06.

后　记

现在呈现在读者面前的这本《中国特色社会主义政治制度自信及其提升研究》专著，是我承担的 2014 年度教育部人文社会科学研究青年基金项目"中国特色社会主义政治制度自信提升研究"（项目批准号：14YJC710003）的最终研究成果。在该项目研究的最终成果即将出版之际，对教育部给予本研究项目的立项支持和经费资助表示恳挚的感谢。

2012 年党的十八报告提出"三个自信"即中国特色社会主义道路自信、理论自信、制度自信。2016 年 7 月 1 日，习近平总书记在纪念中国共产党建党 95 周年大会讲话中进一步提出"四个自信"即中国特色社会主义道路自信、理论自信、制度自信、文化自信。党的理论创新、理论发展极大地鼓舞和增强了我完成该项目研究的信心和决心。特别是书稿撰写进入收尾阶段时，中国共产党十八届六中全会召开，全会审议通过了《关于新形势下党内政治生活的若干准则》《中国共产党党内监督条例》，全面从严治党进入到一个新的历史阶段，中国共产党能够作到自我净化、自我完善、自我革新、自我提高，中国共产党必将带领人民实现"两个一百年"奋斗目标和中华民族伟大复兴中国梦。而与此同时，在大洋彼岸的美国，总统大选上演了一出绝不亚于美国"大片"、同时又很具讽刺意味的政治"闹剧"，自诩为民主"标杆"和"样板"的美国却成了全世界的笑柄，"美国式民主"面临着深层危机。这使我们更加坚定中国特色社会主义政治发展道路、政治制度和政治发展模式。

在这里，我还要感谢西安交通大学出版社的雒海宁编辑。她是认真、负责、高效、专业的编辑，使得本书能够顺利出版。

学术研究没有止境，理论探索没有尽头，尽管我花费了大量的时间、心血和精力，带着一股"虔诚"和"赤诚"去撰写这本专著。但是书中肯定还有不少不妥之处。本书的出版就当作是"抛砖引玉"，敬请各位学术界同仁批评、指正！